JORGE ARAGÃO
O ENREDO DE UM SAMBA

Copyright © 2016 por Sonora Editora
1ª Edição – 2016
Todos os direitos dos autores reservados. Proibida a reprodução, armazenamento ou transmissão de partes ou a totalidade deste livro, através de quaisquer meios, sem prévia autorização por escrito dos detentores de direitos envolvidos.

www.sonoraeditora.com.br
www.facebook.com/sonoraeditora

www.sambabook.com.br

Idealização do Projeto Sambabook: Afonso Carvalho
Direção Geral: Afonso Carvalho, Luiz Calainho e Flávio Pinheiro
Direção Editorial: Marcelo Fróes
Assistente Editorial e Revisão: Maíra Contrucci Jamel
Diagramaçao e Produção Gráfica: Jéssica Campos e Marcelo Santos
Impressão e Acabamento: Edigrafica
Produção Executiva: Michel Jamel
Direção de Negócios: Michel Jamel

CIP-BRASIL. CATALOGAÇÃO-NA-FONTE
SINDICATO NACIONAL DOS EDITORES DE LIVROS, RJ

P644j Pimentel, João
    Jorge Aragão: O Enredo de um Samba / João Pimentel. – 1. ed. Rio de Janeiro: Sonora Editora, 2016.
    264 p. : il. ; 23 cm

    ISBN 978-85- 5762-001- 8

    1. Música - Brasil. 2. Samba – canção e composição. 3. Biografia. I. Título.
                                                               CDU
    929:78

Catalogação na fonte por Graziela Bonin CRB – 14/1191.
Vendas e Distribuição: Sonora Editora

Fotos e ilustrações oriundas do acervo de Jorge Aragão, Ana Joventina e Fátima Santos. Todos os esforços foram feitos para creditar fotógrafos. Qualquer erro ou omissão serão retificados em futuras edições.

Foto da Capa: Marcos Hermes

APRESENTAÇÃO

Corria o ano de 1980. Eu, com meus 8 anos de idade, chegava para mais um treino de futebol de salão no Clube Mackenzie, no Méier. Lembro até hoje da minha empolgação ao ver um bando de moleques reunidos antes do treino começar, cantando e batucando felizes um hino que ainda sacode multidões e levanta estádios pelos quatro cantos do Brasil. A música "Vou festejar", que na época estava estourada na voz de Beth Carvalho, nos dá a dimensão da força presente nas obras-primas daquele que é o nosso homenageado da quinta edição do projeto *Sambabook*: Jorge Aragão da Cruz.

Hoje, depois de tantos anos, já adulto, tenho a oportunidade (e a honra) de me tornar seu amigo e ouvir suas histórias, descobrindo surpreso que o "poeta do samba", na verdade, veio parar no samba por acaso. Quem conhece a obra de Jorge Aragão – com suas melodias diferenciadas e sua poesia simples e genial – facilmente poderia imaginar que ele nasceu no berço do samba, vindo de alguma das mais importantes escolas de samba do Rio de Janeiro. Se eu não tivesse escutado da boca do próprio, também não acreditaria que, quando jovem, o negócio dele era o iê-iê-iê e o rock'n'roll das bandas de baile das quais fez parte, e que lhe deram suas primeiras experiências musicais. A verdade é que foi o samba que escolheu Aragão, para a nossa alegria e para a sorte de importantes intérpretes da música brasileira, como Beth, que imortalizou alguns dos seus principais sucessos, como "Coisinha do pai", "Coisa de pele", entre outros.

Na década de 70, lá estava o poeta com seu violão debaixo da Tamarineira do Cacique de Ramos, como integrante do grupo Fundo de Quintal, fazendo história e trazendo uma nova "pegada" para o samba brasileiro. Nessa mesma época o país se rendia ao clássico "Malandro" (parceira com Jotabê, composta uma década antes), gravado magistralmente por Elza Soares que chancelava o jovem compositor como um dos melhores de sua geração.

Os anos seguintes provaram que Elza e Beth tinham razão. E esse livro, escrito por João Pimentel, vai nos mostrar como tudo aconteceu.

Jorge não gosta de ser chamado de poeta, mas não tem outro nome para chamarmos os que escrevem versos como os dele.

Nessa quinta edição o *Sambabook* presta uma sincera homenagem a um dos maiores compositores da nossa música. Jorge Aragão atravessa gerações, renovando o público amante do samba e mantendo acesa a chama da boa música popular brasileira.

Salve o Samba!!
Salve o Sambabook!!
Salve Jorge Aragão!!

Afonso Carvalho
Idealizador do projeto Sambabook
Diretor Artístico da Musickeria

SUMÁRIO

	Introdução	09
Capítulo 1	S2 Cruz	15
Capítulo 2	Moleque Atrevido	19
Capítulo 3	Coisa de Pele	33
Capítulo 4	Um Sonho	41
Capítulo 5	O Samba Tem Nova Morada	45
Capítulo 6	Banjo, Repique e Tantan	65
Capítulo 7	Vou Festejar	69
Capítulo 8	Frutos da Tamarineira	75
Capítulo 9	Do Fundo do Nosso Quintal	81
Capítulo 10	Jorge Aragão (1981)	93
Capítulo 11	Verão (1983)	105
Capítulo 12	Coisa de Pele (1986)	117
Capítulo 13	Raiz e Flor (1988)	129
Capítulo 14	A Seu Favor (1990)	141
Capítulo 15	Chorando Estrelas (1992)	153
Capítulo 16	Um Jorge (1993)	163
Capítulo 17	Acena (1994)	175
Capítulo 18	Sambista a Bordo (1997)	185
Capítulo 19	Sambaí (1998)	193
Capítulo 20	Tocando o Samba (1999)	203
Capítulo 21	Álbuns Ao Vivo (1999, 2000, 2002 e 2004)	213
Capítulo 22	Todas (2001)	229
Capítulo 23	Da Noite pro Dia (2003)	241
Capítulo 24	E Aí? (2006)	251
	Agradecimentos	263
	Entrevistados	264

Para

Marcela, minha companheira: "Nem que faça um tempo ruim..."

Minha mãe, Maria, meus pais, Ivan e César, motivos para festejar.

Meu irmão Pedro, que foi muito cedo para outros pagodes e me faz muita falta: "Você não morreu, só se escondeu de mim."

E meus amigos, que fazem da vida "um mutirão de amor".

INTRODUÇÃO

Contar uma história que nunca foi contada. Esse era meu desafio. Não sendo eu um historiador, um pesquisador ou um teórico, percebi, já no encontro inicial com Jorge Aragão, que a minha missão era virar de cabeça para baixo a vida do meu personagem. Mais ou menos como pegá-lo pelo pé e sacudi-lo para ver o que caía dos bolsos da memória. E confesso que me surpreendi. Mais com o ser humano do que com o artista, cujo brilho já me era muito familiar.

Logo na primeira entrevista, me senti um intruso. Peguei-me escarafunchando a história de uma pessoa que, apesar de ser do samba, área em que transito desde minha adolescência, eu tinha entrevistado apenas uma vez, em duas décadas cobrindo a área cultural como repórter e crítico musical. Mais adiante, já no período de pesquisa, vi que, durante sua longa trajetória, poucas foram as reportagens que traçavam um perfil coerente com a sua importância.

Nesse dia, em que me recebeu com o violão em punho – pois estava trabalhando numa parceria com o sambista Prateado –, em determinado momento foi à cozinha do *flat* onde mora, em um hotel, na Barra da Tijuca, no Rio de Janeiro, e voltou de lá com um pé de moleque *diet*. Ali eu vi que o trabalho iria render. Esse pequeno gesto foi a maneira de ele dizer: "Vamos lá, você já é de casa." Iniciamos, assim, uma série de conversas deliciosas sobre diversos assuntos.

Jorge Aragão é isso, uma pessoa de pequenos e delicados gestos. Em meio ao processo de escrita desta discobiografia, conceito criado pelo empresário Afonso Carvalho, recebi de uma amiga, Rachel, o vídeo de uma entrevista do jornalista e escritor uruguaio Eduardo Galeano (3/9/1940 – 13/4/2015). Nela, ele lembrava que, certa vez, um repórter disse que ao ler seus livros sentia que ele tinha "um olho no microscópio e outro no telescópio". E constatava: "Pareceu-me uma boa definição do que eu gostaria de fazer escrevendo. Ser capaz de olhar o que não se olha, mas que merece ser olhado. As pequenas, as minúsculas coisas de gente anônima, de gente que os intelectuais costumam desprezar. Eu acredito que é neste micromundo que se alimenta de verdade a grandeza do universo. Sonho ser capaz de contemplar o universo pelo buraco da fechadura. Ou seja, a partir das pequenas coisas, ser capaz de olhar as grandes."

Galeano lembrava também que "o mundo é feito de histórias, porque são as histórias que a gente conta, explica, recria e multiplica que nos permitem transformar o passado em presente; o distante, em próximo".

Acho que, no fim das contas, sem pretensão maior, a não ser a de contar uma história que se entrelaça com a própria obra do artista, percebi que o grande barato era mesmo re(ver) as coisas grandes pelo buraco das fechaduras dos quartos do menino Jorginho, filho de Nair e de Dorval; do soldado de segunda classe da Aeronáutica, o S2 Cruz; e do solista de três acordes do grupo The Mod's.

O Jorge Aragão que se apresentou para mim é bem diferente do que eu imaginava, daquele que nos é mostrado de cima para baixo. Não esperava, do fundo do coração, que o artista de sorriso aberto, bonachão, mas ao mesmo tempo, recluso, fechado com sua própria arte, fosse abrir as portas da alma para um escriba que ele mal conhecia.

E ele o fez de forma singular. Ao mesmo tempo em que me contou histórias fantásticas, travou, diversas vezes, nas armadilhas da memória. Sem medo, mas com uma ponta de vergonha, me falou de um deslize da juventude, quando se apropriou de uns trocados para lanchar. Mas também da rápida percepção de que aquilo era errado.

Jorge não é um poeta ímpar apenas por não ter ido adiante na escola, ou por não ter estudo formal na música. Ele é único em sua visão de mundo, na forma de compreender as coisas que o cercam, na sensibilidade para transformar em imagens fragmentos de vida que nos parecem desprezíveis. Ele, no fundo, é o cara que olha pela fechadura do universo, que percebe grandeza nas coisas simples da vida, na banalidade do cotidiano. E isso é apaixonante.

Em determinado momento, falando de tecnologia, uma área de interesse pessoal, ele faz um breve silêncio e me diz: "João, eu passei e passo por um mundo de muitas mudanças. E eu procuro aproveitá-las ao máximo. Mas têm coisas que eu não me conformo. Por exemplo, 'Papel de pão' (sucesso do sambista, de autoria de Cristiano Fagundes) não poderia ter sido feita hoje. A moça teria mandado um WhatsApp."

Essa passagem lembrou-me de uma conversa com meu maior amigo no samba, José Flores de Jesus, o grande Zé Kéti. Certo dia, ao saber da morte de Geraldo Filme, o grande sambista paulista, dei a notícia ao Zé, que fez o mesmo silêncio filosófico de Jorge, e emendou: "É, é da vida. Mas isso não está certo não."

A história de Jorge Aragão, à primeira vista, é a de um brasileiro que migrou da pobreza para a glória por seu próprio talento, por seus méritos. Mas ela é um pouco mais. É repleta de golpes da sorte, de encontros providenciais, de coincidências fortuitas.

Tive a sorte de poder contar essa pequena saga através de muitos de seus personagens. Ou seja, não precisei – e nem teria como – recorrer a outras publicações. Como já disse, não há um farto material para pesquisa, nem em jornais, nem em livros.

Minha colega de aventura, a brilhante pesquisadora Aline Soares, vasculhou a hemeroteca da Biblioteca Nacional, entre outras fontes, e, fora um ou outro perfil, uma ou outra notinha curiosa, percebeu que a cobertura da trajetória do nosso artista sempre foi aquém do merecido.

Portanto, descobri que tinha uma história para contar. Uma história inédita, humana, que se inicia "minúscula", "de gente anônima", "de gente que os intelectuais costumam desprezar", como diria Galeano.

Espero, do meu jeito, ter o poder de contar, recriar, multiplicar essa história e de aproximar do leitor esse personagem rico, doce, elegante no trato, e, ao mesmo tempo, simples e direto. "Papo reto", como bem diz a turma do samba.

Jorge Aragão, que já se definiu como um antissambista, por não gostar de noitadas, de assédio, do dia a dia do artista, é um músico como poucos que já conheci, que vive de e para a sua arte, não tendo grandes interesses por nada que não faça parte dessa relação.

Em um papo informal durante a gravação do DVD desse combo definitivo e justo chamado *Sambabook*, Zeca Pagodinho, ao ver Jorge passar, me diz: "Esse cara é uma entidade. Quando cheguei no Cacique de Ramos, ficava admirando, prestando atenção nele. Nunca imaginei que pudesse virar parceiro do grande Jorge Aragão."

Mas virou. De Jorge e Sombrinha. E, de cara, em um samba que diz muito sobre essa turma trazida à luz por Beth Carvalho na virada dos anos 1970 para 1980, "Mutirão de amor".

O ENREDO DE UM SAMBA

Beth, por sinal, é uma figura central na vida de Jorge Aragão, quando, ainda no início das rodas de samba das quartas-feiras no Cacique, se apaixonou por aquele sambista e sua obra. Durante dez anos, Jorge foi presença certa em seus discos.

Cada um de nós deve saber se impor
E até lutar em prol do bem-estar geral
Afastar da mente todo mal pensar
Saber se respeitar
Se unir pra se encontrar
Por isso, vim propor
Um mutirão de amor
Pra que as barreira se desfaçam na poeira
E seja o fim
O fim do mal pela raiz
Nascendo o bem que eu sempre quis
É o que convém pra gente ser feliz

Cantar sempre que for possível
Não ligar para os malvados
Perdoar os pecados
Saber que nem tudo é perdido
Se manter respeitado
Pra poder ser amado

("Mutirão de amor" / Jorge Aragão, Sombrinha e Zeca Pagodinho)

CAPÍTULO

1

Capítulo 1
S2 CRUZ

Ninguém sofria mais com o toque da alvorada, nos idos de 1967, do que o soldado de segunda classe S2 Cruz. Nem tanto pelo despertar forçado, cruel para quem nunca gostou de pular cedo da cama, mas pela constatação diária de que passara mais uma noite confinado, sem poder fazer o que mais gostava: tocar e cantar.

Na Base Aérea de Santa Cruz, bairro da Zona Oeste carioca, ele já era uma atração entre os colegas de serviço. Bonachão e engraçado, garantia a diversão no quartel, nas intermináveis noites de prontidão, em uma época de protestos e de repressão, em que o país pegava fogo sob a mão de ferro do regime militar.

Por isso, aproveitando-se do cartaz que tinha junto aos oficiais, resolveu pensar em uma maneira de atravessar aqueles muros, sair da Vila Militar para encontrar seus amigos de música. Tinha uma questão financeira – o soldo hoje de um S2 é de pouco mais de mil e cem reais –, mas o prazer de Cruz era mesmo tocar na noite, fazer um som com o parceiro João Batista Alcântara, o Jotabê, e os outros integrantes do TNT5, grupo de baile bastante conhecido na região.

Jorge, aos 18 anos, em 1967, internado com sinusite na Base Aérea de Santa Cruz. Única foto desse período da vida do artista.

Mas como atravessar incólume aquela fortaleza nos anos de chumbo? Bem, a solução para o problema do robusto S2 estava justamente naquele toque impertinente e agudo da corneta que despertava o alojamento para mais um dia de labuta. Percebendo que o corneteiro tocava às 22h e só voltava a dar o seu show particular no Toque de Alvorada, às 6h do dia seguinte, ele vislumbrou ali a única função viável para quem precisava passar as noitadas, nos finais de semana, fora dos muros da Base Aérea.

A missão número um seria, então, convencer os oficiais de que o sonho da sua vida, desde sempre, era ser o corneteiro da tropa. Isso não era tão difícil, afinal era o músico da turma, o animador cultural das festinhas nas boates improvisadas com papel celofane nas lâmpadas.

O segundo passo, esse um pouco mais arriscado, era aprender a tocar um instrumento de sopro, algo que de fato ele nunca conseguiu fazer. O S2 Cruz, segundo ele mesmo, foi, provavelmente, o pior dos corneteiros de que se têm notícia na história militar brasileira. Mas, ao assumir o posto de despertador informal e de comandante sonoro daquela fortificação, o nosso Cruz, mais que um passaporte para a felicidade – e algumas retenções por total incapacidade para a função –, ganhava também o direito a ser o que ele mais queria: Jorge Aragão.

Então, soados os últimos trinados noturnos, às 22h, ao invés de se recolher, nosso corneteiro pegava uma bolsa, providencialmente preparada, atravessava a vila dos militares da Base Aérea, passava pela guarita e avisava para o companheiro de plantão: "Vou dar um pinote. Deixo um qualquer na volta."

Não tinha muito problema porque o companheiro de plantão era o mesmo que estaria na hora de seu retorno, sempre por volta das 4h ou 5h. Jorge Aragão só não podia era perder a hora de voltar a ser o S2 Cruz. Virado ou não, às 6h, para desespero de todos, tinha que estar de pé, como se nada tivesse acontecido.

"Era simples, quando eu saía do quartel, uns quinhentos metros depois, a banda já estava com a Kombi estacionada. Então eu ia trocando de roupa, pegando as músicas novas do repertório e aprendendo os solos pelo caminho. Quando chegava no baile, era só atacar 'um, dois, três' que eu ia junto", conta Aragão. "Naquela época eu já ganhava o meu dinheirinho, já tinha como comprar o meu leite e não queria perder isso. Eu estava gostando dessa brincadeira."

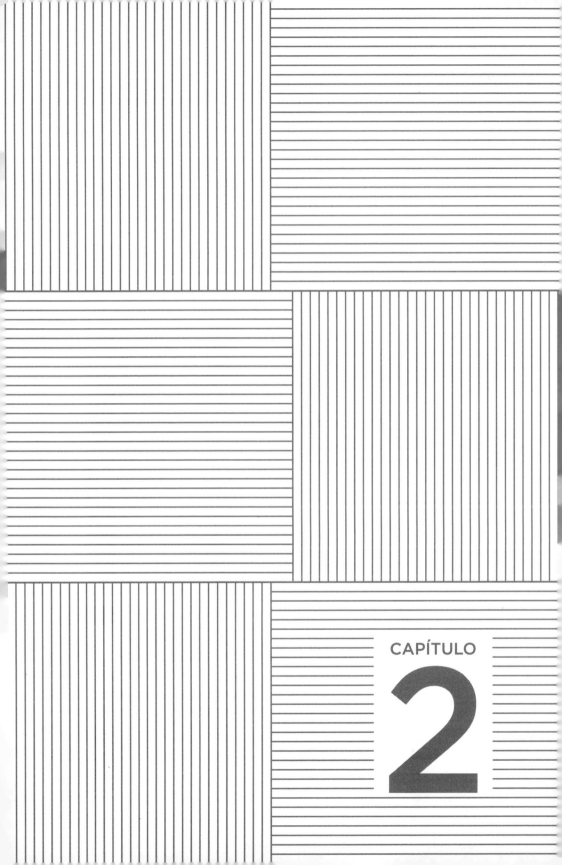

CAPÍTULO

2

Capítulo 2
MOLEQUE ATREVIDO

Jorge Aragão da Cruz nasceu no dia 1º de março de 1949, numa terça-feira de Carnaval, a Terça-feira Gorda, chamada assim por ser o dia do "adeus à carne" antes do início da Quaresma. As manchetes do dia seguinte do jornal *O Globo* destacavam os folguedos daquele ano. Principalmente, a festa que tinha acontecido nas ruas, nos desfiles de blocos, ranchos, escolas de samba e das grandes sociedades carnavalescas. "Carnaval como nos bons tempos" era a chamada principal, festejando o renascimento da farra momesca que andava meio morta: "Ninguém acreditava muito no Carnaval que morreu na madrugada de hoje. Nos dias que o antecederam, houve grande entusiasmo nos clubes, mas, quanto ao carnaval de rua, diziam-no bem morto, sem possibilidades de ressuscitar. Assim, os primeiros foliões a aparecer no sábado, vieram com alguma vontade de cantar e fraco entusiasmo. Requebravam o corpo no ritmo quente do samba, olhando para os lados, temendo o ridículo de estarem sós."

E a tal ressurreição se deu, segundo a matéria, com a chegada da noite: "Foi com o avanço da noite que as máscaras de tristeza vieram por terra, que o pessimismo desapareceu, fazendo renascer com intensidade o grande carnaval de rua. Desapareceram os casacos e as gravatas, surgiram os blusões, os trajes mais simples, mais apropriados ao bamboleio do samba."

Também pudera, no ano em que a escola de samba Império Serrano conquistava o seu bicampeonato com o samba "Exaltação a Tiradentes", de Estanislau Silva, Mano Décio da Viola e Penteado, a marchinha que estava na boca do povo era "Chiquita bacana", aquela que se vestia "com uma casca de banana nanica". A música de Alberto Ribeiro e João de Barro vestiu bem aquele carnaval desgravatado:

> *Não usa vestido, não usa calção*
> *Inverno, pra ela, é pleno verão*
> *Existencialista, com toda razão*
> *Só faz o que manda o seu coração*

Nascido numa maternidade em Cascadura, Zona Norte do Rio de Janeiro, como vimos, em pleno carnaval, Jorge Aragão demoraria um bom tempo para abraçar o samba. Mesmo mudando, aos dois anos, para Padre Miguel – onde nasceria, pouco tempo depois, em 10 de novembro de 1955, a Mocidade Independente – o menino tinha outras preocupações. Para começar, escola, de samba ou não, nunca foi seu forte.

Seu pai, Dorval Tavares da Cruz, nasceu em Manaus, em 30 de maio de 1918, e trabalhou em diversos empregos antes de se tornar um mecânico de refrigeração. Consertava geladeira e aparelhos de ar-condicionado. Já a mãe, Nair Aragão da Cruz, era acreana, nascida no dia 26 de agosto de 1919. Os dois se conheceram na capital amazonense, para onde a família de Nair havia se mudado em busca de trabalho e de melhores condições de vida. Lá tiveram um filho, José Ribamar, que veio para o Rio ainda criança. Os outros dois, Jorge e Ana Joventina, a irmã caçula, já nasceriam em terras cariocas.

O pai, Dorval Tavares da Cruz.

A mudança para o Rio de Janeiro não seria fácil para a família Cruz. Jorge Aragão, por exemplo, tem apenas uma memória remota dos tempos de Madureira, onde morou nos primeiros anos de vida: "Não sei se foi minha mãe que me contou isso ou se realmente é uma lembrança visual que eu tenho. É uma imagem recorrente na minha memória: um barraco cheio de buracos que não nos protegia direito do vento ou da chuva, e à noite ficávamos com medo de sair. Ficava numa parte alta, de onde víamos as luzes das casas à noite."

A mudança para Padre Miguel foi um pequeno sinal de melhora para a família. O barraco em Madureira virou coisa do passado e o apartamento na Rua G do conjunto IAPI, também conhecido como Caixa D'Água, encheu de orgulho o menino Jorge. Matriculado na Escola Municipal Pedro Moacyr, na Rua General Gomes de Castro, 300, ele passaria a levar uma vida como a de qualquer moleque suburbano do seu tempo.

Dona Nair cuidava do lar enquanto Dorval trabalhava. Mas ela não cuidava apenas dos três filhos. Alma generosa, criou vida afora outras três crianças, Geise, Nelson e Andréa, além de dar banho e doar roupas para qualquer alma necessitada que passasse em sua frente.

Ana Joventina, cinco anos mais nova que Jorge, se lembra de um personagem que depois viraria um amigo da família: "Tinha um senhor que aparecia de vez em quando lá por Padre Miguel. Chamavam-no de Vovô Elpídio. Com o tempo, tornou-se uma presença constante lá em casa. Então, um dia, ele, bem encabulado, fez um convite para o casamento de uma filha, perguntou se tínhamos coragem de ir lá onde eles moravam. Minha mãe respondeu: 'Não é preciso de coragem, e sim de vontade.'"

No dia marcado, a família Cruz estava presente, completa. A festa era lá pelas bandas de Campo Grande, em um descampado de terra batida. Uma mesa farta – até para Nair, Dorval e companhia – sacramentava uma amizade que duraria muito tempo: "Tempos depois eu voltei lá, fui batizar uma neta do Vovô Elpídio", lembra Ana.

Se Dona Nair não se incomodava em ajudar quem quer que fosse, em casa o filho do meio dava mais trabalho que o restante da turma. Com muitas dificuldades na escola, não apenas na hora de se concentrar nas aulas, mas, principalmente, na hora de fazer as lições de casa, ele mudava constantemente de colégio após repetir de ano algumas vezes: "Ele chegou a ser jubilado de uma escola em Marechal Hermes. Não queria saber de estudar não. O negócio dele era brincar", lembra a irmã.

Jorge Aragão no batizado de uma neta do Vovô Elpídio, em Campo Grande, em 1967. Ele é o segundo de pé, da esquerda para a direita.

    Uma cena se repetia quase que diariamente. Dona Nair pedia para Jorge ir até a padaria comprar um pão quentinho, de preferência bem torradinho. O menino se distraía com toda a sorte de brincadeiras pelo caminho e, invariavelmente, voltava com o pão branco e mole, quando não, molhado. "Tinha uma lagoa, uma espécie de brejo, onde a meninada ia caçar rã, brincar. Ele sumia por aquelas bandas e não voltava tão cedo. Quando vinha era com a bisnaga toda amassada. Ela quebrava o pão na cabeça dele e mandava o Jorginho ir buscar outro", lembra Ana.
    Porém, bem cedo nosso personagem já tinha suas inclinações musicais. Entre uma nota baixa na escola, uma corrida atrás dos doces de Cosme e Damião e as incursões ao brejinho, ele passou a prestar atenção numa turma que fazia música na vizinhança. Jorge não lembra o nome de nenhuma dessas pessoas e a maioria delas, certamente, não notava a presença do

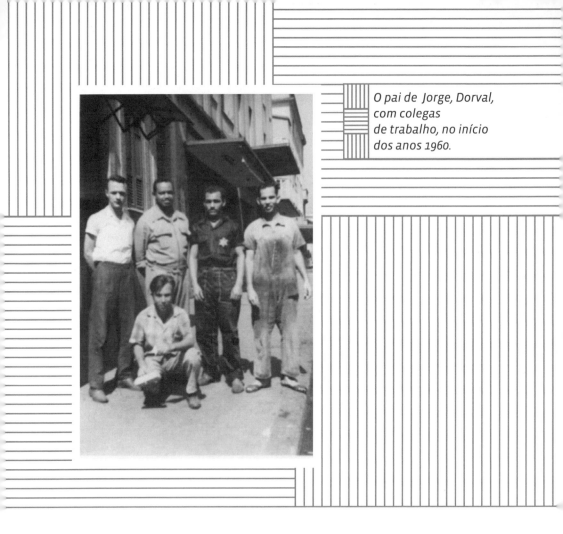

O pai de Jorge, Dorval, com colegas de trabalho, no início dos anos 1960.

jovem de 13 ou 14 anos. Uma tia, irmã de Nair, havia presenteado o menino com um violãozinho. E era no brinquedo novo que ele tentava reproduzir os sons que ouvia na rua.

"Esse período foi fundamental. Ninguém me ajudava muito. Eu é que ficava olhando. Minha vontade era tanta que eu conseguia decorar a posição dos dedos das pessoas. Quando chegava em casa, tentava rememorar aquilo que eu via, os acordes", diz Jorge. "O curioso é que ali eu já tinha uma musicalidade. Quando não estava certo, eu percebia. E ficava tentando até sair o som que eu queria, que estava na memória. Mais tarde, sim, apareceu um ou outro para dar uns toques, para me ensinar os acordes corretamente."

Pouco tempo depois, com 14 anos, o futuro autor de sucessos carnavalescos, românticos e até interplanetários[1] fez sua primeira música. E não era um samba, como podemos imaginar. Dono de uma memória bem ruinzinha, Jorge conta que foi uma prima, há umas duas décadas, que cantou essa balada para ele:

Fiquei tristonho ao saber que nosso amor ia morrer
Vou vagando só na escuridão
Para controlar meu coração
Que, ferido, morre de paixão
Só por ter amado alguém em vão

"Era uma coisa boba, brega mesmo. Eu não sabia nem o que estava fazendo. Mas hoje vejo que eu já trazia essa coisa do sentimento. Não tinha nada de samba, era uma coisa mais para o rock mesmo."

Mas, se não era afeito aos estudos, se até hoje não sabe ler música, o que fez dele um compositor tão inventivo, talentoso, excelente em casar notas, palavras, em mexer com o coração das pessoas?

"Isso eu não sei explicar. Talvez seja a tal da inspiração, do poder da criação, sei lá. Muito cedo eu já estava fazendo aquelas musiquinhas bobas. Música é o que eu sei fazer desde sempre", reflete ele.

Duas passagens curiosas fizeram o aluno arredio voltar às salas de aula anos depois. Já famoso, fez uma visita ao Colégio Estadual Pedro Moacyr para uma matéria de jornal. Cercado de crianças e emocionado, ele viu, em um mural, uma antiga redação que havia escrito. Esse mesmo estudante relapso, que não chegou a terminar nem o segundo grau, deu uma palestra

---

1. Em 1997, "Coisinha do pai" foi uma das músicas utilizadas pela NASA para despertar o robô Mars Pathfinder que iniciava a exploração da superfície de Marte.

A mãe de Jorge, Dona Nair, com a filha Ana, na festa de 15 anos da caçula, em 1969.

numa universidade – é claro que Jorge Aragão não lembra o nome – para explicar como compôs duas pérolas de seu imenso repertório: "Enredo do meu samba", parceria com Dona Ivone Lara, e "Teor invendável", com Arlindo Cruz e Mário Sergio: "Aquilo me deu um nó na cabeça. Como é que eu poderia falar alguma coisa para alguém que estava na universidade? Eu ficava rindo sem saber como explicar."

"Enredo do meu samba", que havia ganhado as rádios na voz de Sandra de Sá ao integrar a trilha sonora da novela *Partido-alto*, em 1984, foi feita de uma tacada:

"Eu estava com a Dona Ivone Lara, na casa dela. Foi uma coisa muito sensitiva. Eu fiz a letra de acordo com o que a melodia sugeria. Saiu de forma muito natural."

Já "Teor invendável" chama atenção pelas rimas e pelas palavras paroxítonas. A letra é realmente um primor:

No início
Você era dócil
Era tudo fácil
Nenhum sacrifício
Um amor incrível
Inacreditável
Era tão visível
Um amor viável

Mas ficou difícil
Quase insustentável
Ao virar um vício
Foi inevitável
Ficou tão sofrível
Irrecuperável
E o que era possível
Virou descartável

Da esquerda para a direita: o pai Dorval, a irmã Ana, que fazia primeira comunhão, e a mãe, Dona Nair.

Jorge Aragão não tinha nenhum parente no meio artístico, ninguém que pudesse ter servido de exemplo para seguir na música. Mas, como a maioria das crianças de meados do século passado, ainda teve tempo de vivenciar o ocaso dos áureos tempos do rádio e a chegada da televisão no Brasil. É claro que esse progresso, em Padre Miguel, uma região ainda rural, demorou um pouco a acontecer. Portanto, como a máquina de fazer doido – apelido dado pelo jornalista e escritor Sérgio Porto à televisão – ainda não tinha aparecido por aquelas bandas, o rádio ainda era a melhor companhia das donas de casa. Entre elas, Dona Nair.

Uma das lembranças mais marcantes daqueles tempos é a voz grave de Luiz Gonzaga, o Gonzagão, no programa *No Mun-*

do do Baião, na Rádio Nacional. Colado na saia da mãe, com quem teve uma relação profunda até o fim da vida, ele ficava sentado sob a mesa da cozinha, jogando pião e ouvindo os clássicos lançados no período pelo Velho Lua, como "Dança da moda", "Cintura fina" e outras.

Já o pai, Dorval, tinha o hábito de botar numa velha vitrola discos da coleção *Românticos de Cuba no Cinema*. Domingo à tarde, o humilde lar dos Cruz recebia a visita inesperada de canções como "My funny valentine", "Cry me a river" e "Smile".

Nilo Sérgio, cantor de muito sucesso nas rádios durante os anos 1940, era conhecido por seu repertório de standards do cancioneiro americano. Depois de passar por gravadoras como Victor e Continental, decidiu criar seu próprio selo, o Musidisc, que tinha como endereço a Rua Joaquim Silva, na Lapa carioca. Foi ali que ele teve a ideia de produzir, a partir dos anos 1960, discos impecáveis com os melhores músicos de orquestras da época, como a tradicional Tabajara. Essa aposta virou um grupo "internacional" conhecido como Românticos de Cuba. Em todas as festas, seu repertório era obrigatório.

Na realidade, Românticos de Cuba era uma orquestra fantasma com um repertório de clássicos e novidades da música francesa, americana, italiana e, até, brasileira. A numerosa série de discos – entre elas a No Cinema e suas capas bem trabalhadas, com mulheres lindas e paisagens deslumbrantes – durou até o início da década de 70, quando a censura cismou que o nome da suposta orquestra fazia apologia ao comunismo. Pela Musidisc passaram nomes como Ed Lincoln, Léo Peracchi, Eliana Pittman e Silvio Caldas.

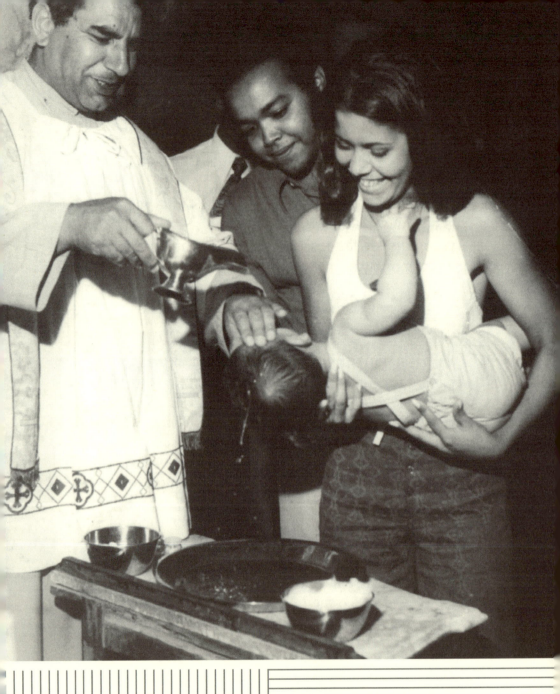

Jorge, no batizado do afilhado Alexandre, em 1963, em Santa Cruz. A madrinha, uma amiga, chama-se Fátima.

"Era praticamente certo meu pai colocar aquilo na vitrola, aos domingos. Mas ele gostava muito também de Elizeth Cardoso. Era fã mesmo. E uma das maiores alegrias da minha vida foi ter sido gravado por ela, em 1986. Cheguei a mostrar pra ele a capa do disco, assim como a dos primeiros LPs que fiz, antes de sua morte. Minha mãe teve mais tempo para acompanhar a minha carreira."

O registro a que Jorge se refere é o de "Vento da saudade", uma parceria com o compositor e professor Sérgio Fonseca, gravada por Elizeth no disco *Luz e Esplendor*, em 1986. Esse disco foi relançado, em 2003, pela gravadora Biscoito Fino, na caixa *Faxineira das Canções*, produzida por Hermínio Bello de Carvalho. A faixa, um primor de letra e melodia, teve arranjo de Rildo Hora. Elizeth conheceu Jorge e essa música na quadra do Cacique de Ramos. Isso mesmo, a Divina, duas décadas depois de subir o morro e gravar sambas de Nelson Cavaquinho ("Vou partir"), Zé Kéti ("Malvadeza Durão") e uma parceria de Candeia e Paulinho da Viola ("Minhas madrugadas"), entre outras, passeou por aquelas bandas, como veremos mais adiante. E o Jorge que ela conheceu já não tinha mais 14 anos e nem fazia músicas bobas.

> *Ai quem me dera, nessa saudade,*
> *a primavera da mocidade*
> *Eu sou a mesma criança que nunca soube o que quis*
> *Que se perdeu na esperança de um dia até ser feliz*
> *Outono clareou os meus cabelos*
> *O inverno escureceu meu coração*
> *Nas mãos tenho o tremor de pesadelos*
> *Nos olhos, trago chuvas de verão*
>
> ("Vento da saudade" / Jorge Aragão e Sérgio Fonseca)

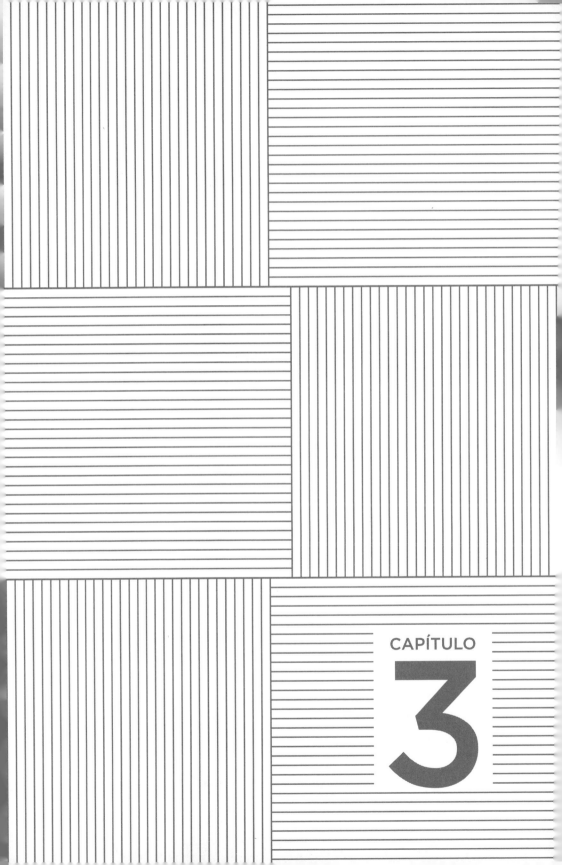

CAPÍTULO

3

Capítulo 3
COISA DE PELE

Curiosamente, apesar de ter nascido numa Terça-feira Gorda, no dia do aniversário da cidade do Rio de Janeiro e de ter passado a infância pertinho de escolas como Mocidade Independente e Unidos de Padre Miguel, o samba não comovia Jorge Aragão em seus primeiros passos na música.

"Durante todo o tempo em que morei em Padre Miguel, nunca pisei na quadra da Mocidade e nem da Unidos. Mais tarde é que fui conhecer aquela turma. Só tinha fera, como o Wilson Moreira, que depois seria meu parceiro em 'Quintal do céu', e o Toco. Quando soube que havia tudo aquilo ali, do meu lado, fiquei admirado: 'Meu Deus do céu, aqueles mestres todos viviam em Padre Miguel também...' Mas eu não conhecia ninguém, não sabia sequer da existência daquilo."

O samba só entraria mesmo em seu caminho na vida adulta: "O entendimento de buscar mesmo a pulsação, a coisa do samba, aconteceu mais tarde, lá pelos 18 anos, quando eu comecei a compor com o Jotabê. Aí veio aquela safra que tinha 'Malandro' e outras. Aí eu fui atrás de buscar esses elementos para a minha música."

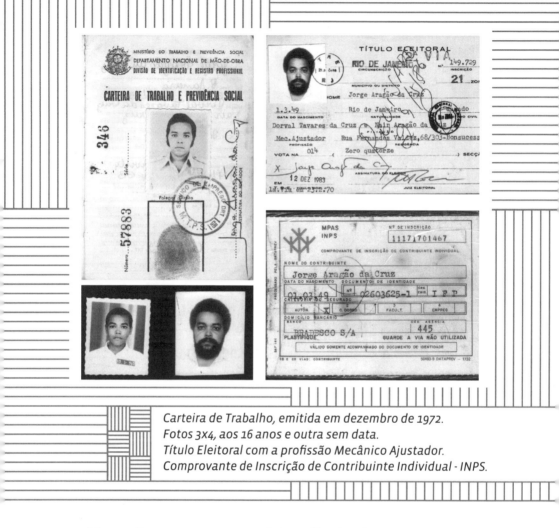

Carteira de Trabalho, emitida em dezembro de 1972.
Fotos 3x4, aos 16 anos e outra sem data.
Título Eleitoral com a profissão Mecânico Ajustador.
Comprovante de Inscrição de Contribuinte Individual - INPS.

Mas voltemos ao nosso relato, afinal, o Jorge que estamos acompanhando nesse momento ainda usava calças curtas, se escondia embaixo da mesa e gostava de brincadeiras como qualquer criança. Pião, pique, bandido e mocinho. A imagem que ele próprio tem desse Jorginho é a de um menino um pouco fechado, mas, por outro lado, bastante levado:

"Brinquei bastante mesmo. Lembro que a gente pegava dois pedaços de pau e riscava uma pista na areia para fazer corrida de chapinha de refrigerante. Era tudo na rua. Também gostava de recortar gibis, adorava a revistinha *Jerônimo, o he-*

rói do sertão, que eu também ouvia no rádio. Eu sempre gostei dessa coisa de bandido e mocinho", lembra.

Mesmo em suas brincadeiras infantis, inconscientemente, a música surgia na vida do menino. Jorge lembra até hoje, por exemplo, da canção de abertura das aventuras do *cowboy* brasileiro Jerônimo, de Getúlio Macedo, que era cantada pelo coro da Rádio Nacional e, mais tarde, ganhou uma versão de Emilinha Borba. A Rainha do Rádio, por sinal, com "Canção de Jerônimo", tornou-se a primeira cantora a gravar um tema de novela.

> *Quem passar pelo sertão*
> *Vai ouvir alguém falar*
> *Do herói desta canção*
> *Que eu venho aqui cantar*
> *Se é pro bem, vai encontrar com o Jerônimo protetor*
> *Se é pro mal, vai enfrentar o Jerônimo lutador*
>
> *Filho de Maria, homem nasceu*
> *Serro Bravo foi seu berço natal*
> *Entre tiros e tocaias cresceu*
> *Hoje luta pelo bem contra o mal*
> *Galopando está em todo lugar*
> *Pelos pobres a lutar sem temer*
> *Com o Moleque Saci para ajudar*
> *Ele faz qualquer valente tremer*

Jerônimo, o herói do sertão, foi personagem de um programa criado por Moisés Waltman para a Rádio Nacional, em dezembro de 1952, que ficou no ar por 14 anos, sendo transmitido de segunda à sexta, às 18h30min. Depois de fazer muito sucesso nos lares de todo o Brasil, Jerônimo, sua noiva Aninha e seu inseparável ajudante, o Moleque Saci, continuaram seu faroeste tupiniquim em uma série de revistas em

> quadrinho, em 1957, com desenhos de Edmundo Rodrigues. Foram nove anos, 93 gibis e 5 almanaques, além de edições extras como *As Peripécias do Moleque Saci*. Em 1979, a Bloch Editores tentou relançar o herói, mas a revista durou apenas três edições. Em 1972, o programa também virou novela na TV Tupi, com Francisco Di Franco no papel principal, e filme, produzido e dirigido por Adolpho Chadler. Em 1984, a novela ainda teve um *remake* no SBT.

A irmã do sambista, Ana Joventina, cujo nome homenageia as duas avós de Jorge, lembra uma passagem interessante que poderia ter mudado os versos do partido-alto de nosso herói. Talvez por influência da mãe, figura muito religiosa – tão religiosa que passou por vários credos e respeitava e seguia todos eles –, mas, certamente, incentivado por um colega de Padre Miguel, Jorginho, certo dia, surge com uma novidade: estava frequentando uns cultos em uma igreja evangélica. "Mamãe, eu quero me tornar crente", anunciou.

"Em frente à nossa casa, morava uma senhora evangélica, acho que se chamava Zara. Esse amiguinho do Jorge, que eu não lembro o nome, começou a frequentar uns cultos. Então, meu irmão cismou que queria ir também. Ele tinha ganhado até uma Bíblia Sagrada com uma dedicatória bonita. Mas a minha mãe, que era muito enérgica, conhecendo a peça, deu foi uma bronca nele. 'O que foi, Jorge? Que crente nada, menino. Você não sabe nem o que quer da vida. Como é que você diz que vai ser crente?'", lembra Ana.

O filho de Dona Nair não lembra bem desse episódio, e nem de tantos outros, já que a memória não ajuda, mas diz que herdou parte desse sincretismo: "Fui criado como católico, passei muito tempo no espiritismo e também entrei com meus pais para a igreja messiânica. Então, sempre respeitei tudo isso. Na minha família tem de tudo, é uma família brasileira. E eu sou tudo isso. Fui ensinado a respeitar todas as religiões."

Jorge lembra que tinha a mania de parar o carro sempre que via uma igreja mais ajeitada. "Eu entrava e ficava sentadinho, nos fundos. Isso me dava paz. Só parei com esse hábito quando um pastor, notando a minha presença, ficou me chamando para dar um testemunho na frente de todos. Começou a gritar: 'Alguém aqui está com problemas. Vem aqui na frente contar para a gente.' Acho que queria se aproveitar da minha fama. Saí e não voltei mais."

Outro fato marcante, que ele guardou em segredo durante muitos anos, foi fundamental para firmar seu caráter e para fazer com que andasse sempre nos trilhos da honestidade e da retidão.

Dona Nair havia conseguido para o menino que não se dava bem entre as paredes de uma sala de aula – como não se daria bem entre os muros do quartel – um curso de técnico de rádio, em Madureira, para ver se ele encontrava algum caminho na vida. Nesse meio tempo, já no ano de 1965, ela o mandou para ajudar uns tios que tinham um pequeno comércio na Estrada do Lameirão, em Campo Grande. Era um restaurante que abastecia uma obra. Depois de um tempo trabalhando apenas pelo dinheiro da passagem de ônibus, ele começou a separar algumas moedas para uso próprio, para fazer um lanche antes das aulas. Não era nenhuma grande quantia, evidente, mas esse pequeno delito se tornou um grande dilema na cabeça do jovem:

"Eu era garoto e queria dinheiro para tomar um caldo de cana e comer um pastel. No começo, eu não via problema, era quase uma molecagem mesmo. Mas um dia eu pensei: 'Eu estou virando um ladrão, estou pegando um dinheiro que não é meu.' Achei muito ruim aquele sentimento. Senti vergonha e ainda sinto. Sou muito correto com as coisas. Se eu tenho um trato contigo, eu vou cumprir."

O pequeno deslize, que serviu como aprendizado, foi apenas um fato isolado. Após esse incidente, o menino continuou trabalhando em pequenos empregos para ajudar os pais, ou ao menos aliviar o orçamento familiar, e, principalmente, se esforçando para evoluir na música. Se ser um artista não era ainda um objetivo na vida, nessa fase ele já trocava informações e criava, minimamente, um ambiente musical.

"Eu não conseguia me concentrar em trabalho nenhum. Às vezes, tinha pilhas de coisas para fazer e eu ficava cantarolando, pensando numa melodia, escrevendo qualquer coisa. Não dava certo", reflete.

A primeira vez que convidaram Jorge para um trabalho musical, digamos, profissional, aconteceu de forma curiosa. Era uma Sexta-feira Santa ou um Dia de Finados – que memória, Jorge! –, Dona Nair, muito religiosa, tinha coberto todos os espelhos e santos da casa. Na hora da oração, todos à mesa, a campainha toca uma, duas, três vezes. Contrariada, Dona Nair abre a porta e o filho ouve, lá de dentro, a voz de um desconhecido: "É aqui que mora o Jorge, que é solista de violão?"

"Achei que minha mãe fosse me matar. Mas a coisa foi tão inusitada que ela ficou sem reação e mandou o rapaz entrar", conta sorrindo.

O nome do visitante era Vicente, um menino nos seus 16 anos também, que precisava de alguém que pudesse dar uma

A família. Da esquerda para a direita: o pai Dorval, a irmã Ana Joventina, o irmão José Ribamar, a mãe Nair, a irmã adotiva Geisa e Jorge.

incrementada na sua banda. No embalo da Jovem Guarda de Roberto e Erasmo Carlos e de outros modismos da época, o grupo The Mod's ganhou um solista que não entendia nada de música e só sabia solar três canções.

Aquele convite era tudo que o nosso solista precisava para encarar a música como um caminho na vida. Talvez isso explique a complacência de Dona Nair no dia da inesperada visita. Coisa de mãe, coisa de pele.

"Aquele dia foi um dos mais importantes da minha vida. Não tinha cachê e eu tinha que me virar para acompanhar a banda. Às vezes eu ficava fingindo que estava solando. Eu estava ali para aprender, pela música mesmo."

O primeiro cachê veio um pouco adiante. Jorge já estava na aeronáutica e, sentindo-se o "rei do mundo", segundo suas próprias palavras, foi para uma praça, em Santa Cruz, e gastou tudo em leite.

"Eu era louco por leite. Lembro que nesta praça tinha uma estação e um mercado que vendia leite naquelas garrafas de vidro com a boca larga. Aquilo me deu uma sensação de autonomia: ganhar dinheiro para fazer o que eu mais gostava."

Provavelmente o dia a que Jorge se refere foi uma Sexta-feira Santa, pois o ato de cobrir as imagens com um pano roxo, que simboliza o luto pelo sofrimento de Cristo, é praticado na Quaresma. Para os católicos, esse período, com duração de 40 dias, é sinônimo de penitência e contrição. Essa preparação existe desde o tempo dos Apóstolos e a quantidade de dias é uma lembrança do jejum feito por Jesus no deserto. Durante a Quaresma a Igreja veste seus ministros com paramentos de cor roxa e suprime os cânticos de alegria, como "Glória", "Aleluia" e "Te Deum".

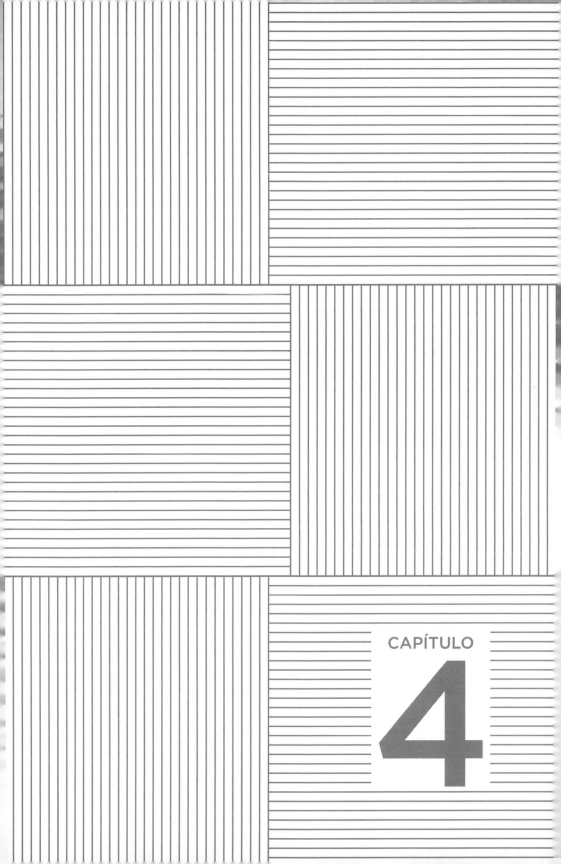

CAPÍTULO

4

Capítulo 4
UM SONHO

O jovem corneteiro Cruz, naquela noite, não tinha baile, não tinha Kombi esperando, nem músicas para tirar pelo caminho nas ruas de Santa Cruz. Ele se recolhe ao alojamento e cai no sono. De repente um barulho, um estampido faz com que ele desperte assustado. Ninguém, nenhum colega de quartel estava mais nos beliches daquela sala grande, de uns duzentos metros quadrados. Apenas o silêncio, a penumbra e luzes coloridas piscando do lado de fora.

A primeira reação foi virar para o lado e dormir, mas, de repente, uma música chega aos seus ouvidos. Ele então se levanta, veste uma camisa a vai para a área externa do quartel. Mas a área externa já não é a paisagem que ele conhece tão bem. Ao invés do imenso pátio, havia um lago, um açude. Ah, sim, era aquele brejinho onde ele ia caçar rã na infância, em Padre Miguel.

"Mas Padre Miguel não é o quintal de Santa Cruz", pensou. Ele então se encaminha em direção à água e molha os pés. Mas e o barulho que ouvira antes? Então ele percebe um tambor, um batuque quase que ancestral. Atrás dele, um índio. Não um índio brasileiro, mas um americano, tipo os personagens dos

filmes que tanto assistia na televisão, pela janela do vizinho do passado.

Enquanto bate seu tambor, o índio fala coisas incompreensíveis em um dialeto qualquer. De repente ele para, caminha em direção ao soldado de segunda classe e estende a mão. De mãos dadas eles sobem uma escada que não estava ali antes. Uma escada iluminada, infinita.

A cada passo, a cada degrau, uma sensação de pisar em nuvens, de flutuar. Em determinado momento, o militar olha para baixo e se vê de pé, corneta em punho, tocando a Alvorada.

Quando se volta para a escadaria, ela não está mais ali, nem as luzes, nem a música, nem o índio. Ele apenas voa.

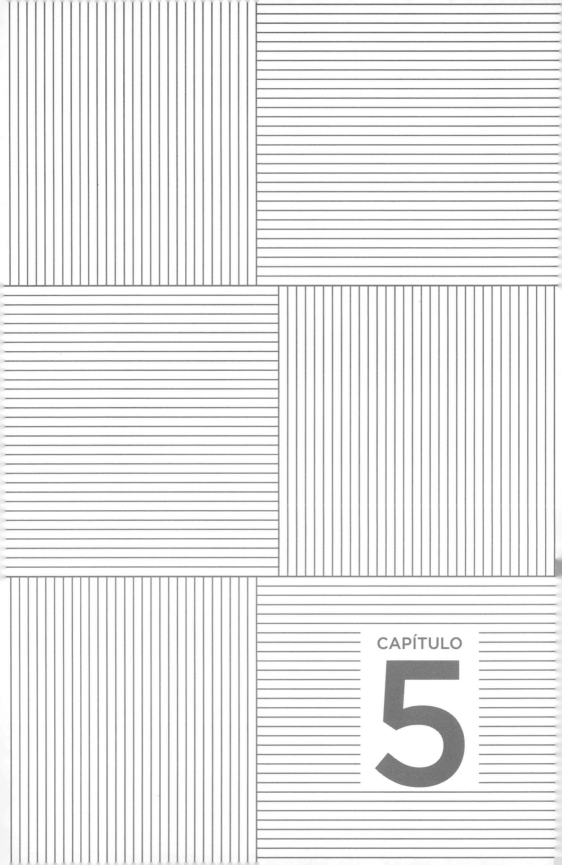

CAPÍTULO

5

Capítulo 5
O SAMBA TEM NOVA MORADA

Naquela noite a vizinhança da Rua Fernandes Valdez, na fronteira entre os bairros de Bonsucesso e Higienópolis não dormiu. Mas, como acontece na maioria das vezes na Zona Norte carioca, bem mais tolerante que a Zona Sul, também não reclamou daqueles dois sujeitos que tocavam violão, cantavam e conversavam até altas horas da madrugada. Certamente, no entanto, ninguém sabia que ali acontecia um encontro inusitado e fundamental para a história da música brasileira e, principalmente, para a vida do agora ex-soldado de segunda classe Cruz.

Sentados no meio-fio, estavam o nosso artista e outro craque, Alcir Portela, capitão do Vasco da Gama campeão brasileiro de 1974.

Quando Jorge saiu da Aeronáutica, para felicidade geral da nação, ele deixou Santa Cruz para ir morar na Rua Barão de Pirassununga, na Tijuca. Seu irmão, José Ribamar, havia conseguido três empregos e achou que era hora de dar um conforto aos pais e irmãos. A felicidade de Dona Nair e Seu Dorval e de toda a família Cruz, no entanto, duraria pouco. Aos 26 anos, o filho mais velho do casal morreria de câncer na coluna. Jorge tinha 20 anos e, agora, uma grande perda.

Alcir Portela.

A morte de José Ribamar também significou a volta à triste realidade dos dias difíceis. Jorge já ajudava o pai no serviço de refrigeração – mais carregando peso que qualquer outra coisa – e Ana tinha apenas 15 anos. Ele passou uns tempos na casa de um tio, Aarão, no bairro do Encantado, até o pai conseguir se estabelecer no apartamento da Fernandes Valdez.

Quando se mudou para o novo endereço, Jorge, um flamenguista que não dá a mínima para o futebol, olhava com muito respeito para aquela figura esguia com jeito de malandro, namorador. Alcir viva cercado da turma do futebol e, vez por outra, no banco do carona de seu fusquinha rebaixado, tinha algum outro jogador da época como Renê, Galdino e Gaúcho. O que o músico não desconfiava é que Alcir Portela também tinha um pé na música. Quer dizer, os dois pés e o coração.

Um dia, Alcir chegou de madrugada e encontrou Jorge voltando de um trabalho qualquer. Vendo o jovem empunhando o violão, perguntou o que ele tocava e se tinha alguma composição.

"Sentamos no meio-fio, na calçada em frente ao prédio, e ficamos até às quatro da manhã. Na hora de ir embora, ele perguntou o que eu faria no dia seguinte. Queria me levar na casa de um colega, de um parceiro dele", lembra Jorge, "pensei que fosse papo de bêbado."

Não era. No dia seguinte, Alcir apareceu. O tal amigo do boleiro morava a uma quadra do prédio da dupla. E esse amigo era Neoci Dias de Andrade, o Neoci de Bonsucesso, ou simplesmente Neoci, figura lendária do Cacique de Ramos, filho de um dos pioneiros do samba, João da Baiana.

Sem pedir licença, Alcir entrou na casa do amigo – essa turma não era muito chegada a uma campainha como veremos daqui a algumas linhas – e apresentou o vizinho. Disse que ele tinha umas músicas bonitas. Jorge, sem graça, tocou alguma coisa. Foi o suficiente para Neoci pegar o músico pelo braço e convidá-lo para um passeio inusitado.

Saíram os três pela Avenida dos Democráticos, passaram por um buraco embaixo da linha do trem e caminharam até a gravadora Tapecar. Subiram as escadas e, sem sequer dar uma batidinha na porta, Neoci entrou e o trio deu de cara com o presidente da companhia, Manolo Camero, que conversava com vendedores e distribuidores.

"O Neoci, que eu mal conhecia, que eu não sabia quem era, entrou na sala e, do alto dos seus dois metros, com aquela imponência, já foi me apresentando: 'Bom dia, senhores, trouxe aqui o meu canário. Ele vai cantar três sambas. Se vocês não gostarem de nenhum dos três, eu vou pagar um almoço para todo mundo. Está bom assim?'", recorda-se sorrindo Jorge.

A entrada abrupta e o tamanho de Neoci não deixaram muitas opções a Manolo, que aceitou a proposta. "Não sei como

Roda de Samba, anos 1970.

tive coragem de cantar. Mas eu já era o canário dele mesmo... Então cantei os três sambas."

Um desses sambas era "Malandro", parceria com Jotabê. Manolo providenciou uma gravação improvisada ali mesmo, na hora, e ligou para Elza Soares. Duas palavras começaram a mudar a vida de Jorge. "É meu", disse ela do outro lado da linha.

O corneteiro S2 Cruz, o pior aluno de Padre Miguel, o caçador de rãs, o quase pastor Jorginho, o menino que não sabia jogar bola, o solista de três músicas que se arrependeu de ter "tomado emprestado" uns trocados dos tios estava ficando para trás. Jorge Aragão, o rei do samba romântico, o craque do samba de carnaval e de qualquer outro samba que se tem notícia estava pintando no pedaço.

O ENREDO DE UM SAMBA

> *Lançada como fábrica de fitas K7, a Tapecar acabou se consolidando como selo musical especializado em música negra americana no início da década de 1970. Tinha em seu elenco nomes como Diana Ross, Marvin Gaye, Stevie Wonder e o grupo Jackson 5. Com o lucro obtido na empreitada, a Tapecar resolveu investir na música brasileira, mais precisamente no samba carioca. Para isso tirou artistas da concorrente Odeon como Elza Soares e Beth Carvalho, além de contratar Bezerra da Silva, Candeia e Xangô da Mangueira.*
>
> *A gravadora começou a perder fôlego quando Manolo Camero vendeu a fábrica, no final dos anos 1970, e assumiu a presidência da multinacional RCA. A Tapecar passou então a ser um selo distribuído pela Som Livre, por uns 3 anos, até encerrar suas atividades. Seu acervo esteve licenciado para exploração de catálogo em CD sucessivamente pelas gravadoras Copacabana e EMI, nos anos 1980 e 1990, até ser reorganizado e digitalizado pela Discobertas, a partir de 2010.*

Malandro
Eu ando querendo
Falar com você
Você tá sabendo
Que o Zeca morreu
Por causa de brigas
Que teve com a lei

O primeiro grande sucesso da carreira de Jorge Aragão foi criado ainda nos tempos da aeronáutica, por volta de 1968, ou seja, oito anos antes da histórica gravação de Elza Soares no

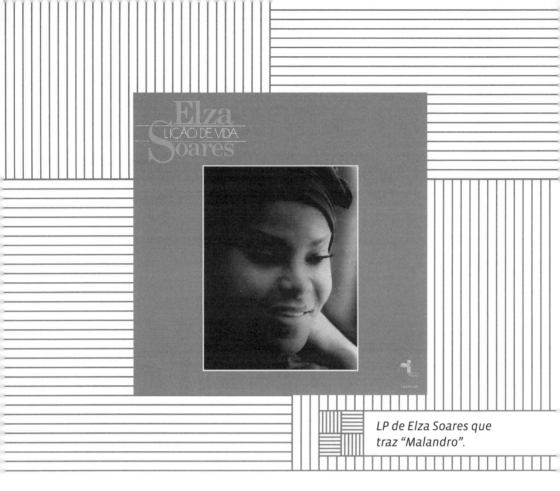

LP de Elza Soares que traz "Malandro".

LP *Lição de Vida*. Através de um grande amigo da época, Pedro Rodrigues Neto, o Pedrinho, ele conheceu João Batista Alcântara, o Jotabê. Os dois, de cara, tiveram muita afinidade. Mais velho que Jorge, o futuro parceiro escrevia muito bem – é professor de português – e, principalmente, era um ótimo violonista, aluno de Neco, uma referência no instrumento.

"Na época que eu conheci o Aragão, ele gostava de rock, Jimi Hendrix, essas coisas. Era apenas um solista. Eu tinha um grupo, o TNT5, que estava justamente precisando de um violão solo. Depois é que ele se interessou pela coisa da harmonia e foi estudar. Mas tivemos uma identificação muito forte. Sentávamos com o violão e ficávamos horas mostrando músicas. Nesse período, produzimos bastante. A partir daí é que ele abraçou a coisa do samba", conta Jotabê.

Jorge confirma a versão do amigo: "Aprendi muita coisa com ele. O que eu sabia de harmonia era coisa bem quadrada mesmo, um mi, um lá, um si. Com o Jotabê já era um outro padrão de harmonia. Já tinha as dissonantes. Eu achei aquilo bacana. Ele já vivia a coisa do samba, era um músico mesmo."

"Malandro" foi inspirado em um amigo de Jotabê, de Santa Cruz. Inácio era metido a esperto, capoeirista, que vacilava com a namorada, uma mulher bacana, amiga de todos. Ou seja, o samba foi ao mesmo tempo uma brincadeira e um papo sério.

"Malandro" não entrava no repertório da TNT5, que só tocava o que as pessoas queriam ouvir e dançar. "Nunca passou pela nossa cabeça que 'Malandro' aconteceria", diz Jorge.

O mesmo pode ser dito de "Logo agora", um dos maiores sucessos da carreira de Emílio Santiago, outro frequentador assíduo da quadra do Cacique de Ramos.

Esse samba romântico, que foi lançado em 1979, no disco *O Canto Crescente de Emílio Santiago*, pela Polygram, também tem uma história curiosa. Jorge saiu com o parceiro para comemorar, no dia 25 de junho de 1977, o nascimento da filha primogênita, Vânia, fruto do casamento com sua primeira mulher, Lindomar, que ele conheceu em Santa Cruz.

O samba comia solto quando Jotabê percebe uma mulher, acompanhada de um sujeito muito forte, olhando para ele. O flerte continua, apesar do risco iminente de uma tragédia. A moça então dá um jeito de se desvencilhar do acompanhante, pelo jeito, indesejado, e... Bem, o final, sabemos de cor: "Se não fez amor com você, faço eu."

O certo é que, chegando da noitada, o conquistador Jotabê e seu parceiro já tinham o esboço da letra e da melodia de "Logo agora":

Agora, justamente agora
Agora que penso em ir embora, você me sorri

JORGE ARAGÃO

Passou a noite inteira
Com seu amor do lado
Fingiu um bocado
Mas hoje em dia,
Os amores são assim

Ele foi embora
Nem faz uma hora
Pensando quem sabe nos beijos
Que você lhe deu
Tolo, pensou que beijar sua boca foi consolo
Despertou o instinto da fêmea
Que agora que se deixar abater
Se sentir caçada, dominada até desfalecer

Jorge e Beth Carvalho nos anos 1970.

Mas onde estávamos mesmo? Ah, no "É meu", de Elza Soares, na salinha da Tapecar com o trio parada dura Jorge, Neoci e Alcir. Os outros dois sambas cantados ali, provavelmente, eram parcerias da safra com Jotabê, mas Jorge também já cultivava um hábito de compor sozinho: "Nunca tive parceiros com muitas músicas, porque eu nunca tive muita gente ao meu lado. Nem grupo de amigos, de pelada, de noitada, de chope, até porque nunca fui de beber. Gosto de ficar quieto, no meu canto. Sempre fiquei muito envolvido com a música. Convivo muito bem com o que, para alguns, parece solidão."

Mas, em 1976, um sentimento que Jorge não tinha era de solidão. Não enquanto houvesse Neoci e Alcir na cola do rapazola. Dois dias depois da ida à Tapecar, ele pisou o solo sagrado do Cacique de Ramos: a quadra da Rua Uranos, 1326, que na

Com Beto Sem Braço, de camisa preta, e um amigo.

realidade fica em Olaria. Ali ele descobriu que era amigo dos reis. Neoci mandava no samba e Alcir na pelada, que acontecia às quartas-feiras.

"Dentro do Cacique de Ramos tinha o pessoal da pelada, a turma que preparava a comida e a que jogava um carteado. Como eu não fazia nada daquilo, sentei com meu violão, perto de onde estava o Neoci, e fiquei de papo com o pessoal", lembra Jorge.

A bola rolava no campo de asfalto até umas 21h. Alcir e sua turma, mal terminavam a pelada, ficavam por ali, comendo e bebendo. No princípio, segundo Jorge, não davam muita atenção à música, exceto o capitão do Vasco e os amigos de trabalho de Ubirany, que sempre dividiu sua função de percussionista, e dos melhores, com o ofício de fisioterapeuta.

A história que corre hoje é a de que Beth Carvalho, quando chegou ao Cacique pela primeira vez, teria encontrado todo mundo ali. Que a roda de samba já era uma realidade. Mas a verdade é que tudo era bem incipiente. Por ali, da música, só tinha o núcleo dos compositores de bloco e um ou outro gato pingado, ou pinguço.

"Era pouca gente, umas 20 pessoas. Mas já estavam o Bira Presidente, o Dida, que era compositor do bloco, e o Dedé da Portela. E eu ficava no violão, acompanhando o Neoci, que era uma máquina de cantar sambas. Muitos deles desconhecidos, novidades mesmo", lembra Jorge.

"Neoci era meio que um divulgador daquele povo. Era um cara que gostava de mostrar o que era bom. Quem me mostrou 'Samba no quintal', que eu gravei no disco *No Pagode*, foi ele. Os compositores (Toninho e Everaldo Cruz) eram lá de São Paulo. Além de tudo, era muito bom no tantan, tinha um jeito diferente de tocar", conta Beth Carvalho.

Arlindo Cruz, Zeca Pagodinho, Deni de Lima e Luiz Carlos da Vila, por exemplo, ainda não frequentavam o Cacique quando Beth chegou. Já Sombrinha, Neoci importou de São Paulo depois que o viu empunhando um violão. "O Almir Guineto já aparecia, mas de vez em quando, porque estava morando em São Paulo e tocando com os Originais do Samba. Mas não tinha nada de profissional nas nossas rodas", explica Jorge.

O que aconteceu foi que o pessoal que jogava bola começou a chegar mais perto, a curtir mais a comida e a música. Aí a brincadeira ficou mais séria, atraindo cada vez mais gente. Até que, certo dia, Alcir propôs: "Vamos ligar para a comadre Beth (Carvalho). Acho que ela vai gostar disso. Estamos fazendo um samba bonito, ajeitado."

O povo pensou que Alcir estava brincando, mas ele insistiu: "Vou falar com minha comadre." Incrédulos, todos saíram da quadra e atravessaram a rua, atrás de Alcir, até um telefone público, o bom e velho orelhão.

Parecia uma cena de um filme, todos de ouvidos atentos no que Alcir falava com Beth Carvalho. "Bethinha, tudo bem? Queria que você desse um pulo para conhecer um negócio aqui no Cacique de Ramos. Tenho certeza que você vai gostar. Não se preocupe. Ninguém vai pedir para você cantar nada, ninguém vai te incomodar. Tem uma comida que você vai gostar. Vamos jogar um buraco..."

Por essa conversa, dá para perceber a capacidade de convencimento e a malandragem de Alcir. Não à toa, o quarto jogador que mais vezes vestiu a camisa do Vasco da Gama – 508 jogos, entre 1963 e 1975 – jogava de cabeça de área, posição de muito contato físico, e nunca foi expulso de campo. Era considerado um cavalheiro dentro e fora das quatro linhas. Quando morreu, em 2008, além da bandeira cruzmaltina, outra, a da Imperatriz Leopoldinense, cobria o seu caixão. Alcir foi, por mais de 20 anos, diretor de harmonia da agremiação das cores verde e branca de Ramos.

JORGE ARAGÃO

> No dia 6 de março de 1959, o farmacêutico Amaury Jório, alguns sambistas da Zona da Leopoldina e remanescentes da extinta Recreio de Ramos fundaram o Grêmio Recreativo Escola de Samba Imperatriz Leopoldinense. Como homenagem ao Império Serrano, sua escola madrinha, foram escolhidas as cores verde e branco para representar a nova escola. Sua bandeira traz onze estrelas que representam os onze bairros que compõem a Zona da Leopoldina, sendo que a estrela em destaque na parte de cima é uma homenagem ao bairro de Ramos, lugar onde a escola foi criada.
>
> A Imperatriz é responsável por sambas inesquecíveis na história do carnaval, tais como "Martim Cererê" (1972), "Liberdade, liberdade, abre as asas sobre nós!" (1989) e "Mais vale um jegue que me carregue que um camelo que me derrube, lá no Ceará." (1995).

Jorge com Beth e Neoci.

O ENREDO DE UM SAMBA

Enfim, a isca tinha sido jogada. Mas Beth, nesse período – estamos falando de 1977 – já era uma estrela da música brasileira, reconhecida por sua defesa de "Andança", de Edmundo Souto, Paulinho Tapajós e Danilo Caymmi no Festival Internacional da Canção, de 1968. Além disso, já tinha trocado a mesma Tapecar, de Manolo Camero, pela RCA-Victor, onde lançou em 1976, *Mundo Melhor*, com "As rosas não falam", de Cartola; "Antes ele do que eu", de Paulinho Soares; e "Te segura", de Nei Lopes, que na época assinava Neizinho, e Wilson Moreira. Nesse ano, ela tinha acabado de lançar outro petardo, *Nos Botequins da Vida*, já totalmente embrenhada na frondosa floresta do samba. Sente só a escalação: Chico Santana, baluarte da Portela, Carlos Cachaça, Guilherme de Brito, Nelson Cavaquinho, Gracia do Salgueiro e, sempre ele, Cartola. O que poderia ter de tão interessante, ou diferente, na quadra de um bloco de carnaval? Assim, a isca, ao menos naquele dia, ficou boiando.

Neoci.

Com os pais Nair e Dorval, em Bonsucesso, nos anos 1970.

Porém, na semana seguinte ela foi fisgada. Neoci e Alcir já tinham prevenido que Beth não gostava de badalação e de assédio. Ou seja, Beth chegou e cada um continuou fazendo o que sabia. A bola pererecava, a comida ganhava o seu tempero e a jogatina continuava animada.

Quando a música começou, ninguém tinha coragem de olhar para ela. "Fui muito bem recebida, e gostei muito desse respeito, de me tratarem como uma convidada, mas também como uma igual", lembra Beth.

"Ela sempre teve essa coisa de saber chegar bem nos lugares. Sentou-se perto da mesa onde eu tocava violão e cantava com o Neoci e ficou ali, só ouvindo. Depois, a turma foi chegando junto. A gente não acreditava. Era a Beth Carvalho que estava ali", conta Jorge.

Estava ali e por ali ficou até o dia amanhecer. Para a surpresa da turma, ela jogou uma partida de buraco, provou da comida e chegou mais perto do samba. Só não jogou bola para não humilhar os peladeiros. Beth perdeu a noção das horas ouvindo aquele repertório diferente.

"Quando eu entrei lá, o impacto foi muito grande, foi uma surpresa das mais agradáveis que eu já tive na vida. Eu era amiga do Alcir de outros carnavais, amiga de samba. Quando ele me telefonou, comentei com o João Nogueira, amigo nosso em comum: 'Eu adoro esse bloco.' Eu achava que estava indo para um ensaio do Cacique de Ramos, que eu sempre via na Avenida Rio Branco, nas disputas com o Bafo da Onça. Sempre fui carnavalesca, de assistir desfile em cima de um caixote, aos sete anos, e achava muito original aquele negócio da roupa de napa e samba marcado no tamanco."

Ao invés do ensaio, o que ela encontrou foi uma turma muito boa de música, muito animada. Segundo ela mesma, "o Fundo de Quintal amador". "A lembrança que eu tenho é a de que era a segunda vez que eles se encontravam já como um grupo."

Com a mãe Nair, em Bonsucesso.

Muita gente acha que Beth chegou ali e saiu com uma sacola de músicas para o seu novo disco. Mas a historia é bem diferente. Como já dissemos, não tinha Zeca Pagodinho, Arlindo Cruz e Luiz Carlos da Vila. A roda era ainda formada apenas pelo núcleo inicial dos sambas de quarta-feira.

Na semana seguinte, a notícia que a Beth Carvalho tinha aparecido na quadra do Cacique correu pela cidade. Então, compositores de todas as escolas descobriram que o samba tinha nova morada. O Cacique de Ramos foi o grande aglutinador da turma do samba encostada pelas escolas que, a partir dos anos 70, deixaram de ser a casa dos sambistas, o berço de bambas, para se preocuparem com fantasias mais elaboradas e grandes alegorias. Estava virando Hollywood aquilo ali.

Um ano antes, o Grêmio Recreativo de Arte Negra e Escola de Samba Quilombo estreara no carnaval carioca. Fundado por Candeia, Nei Lopes, Wilson Moreira e outros, era uma resposta justamente ao descaso das grandes agremiações com suas próprias histórias. Ou seja, a Quilombo e, pouco depois, o Cacique de Ramos, viraram ponto de convergência de diversas gerações de sambistas.

Portanto, mais uma vez, de forma espontânea, o sambista se reinventava, sobrevivia à margem do sistema, da mídia, do descaso das escolas que criaram. E junto com essa turma, é claro, surgiram muitas novidades.

Ramos passou a ser, a partir da chegada da "comadre" Beth, nesse momento rebatizada de "madrinha", o grande reduto de sambistas cariocas.

"Na terceira vez que Beth apareceu no Cacique, já tinha muita gente na quadra. Muitos compositores que eu só fui conhecer depois. No começo eu ficava meio perdido ali, tocando violão, sem entender bem o que estava acontecendo", diz Jorge. "Eu nunca iria imaginar que a minha vida inteira e que meu

Tocando banjo no Cacique de Ramos, em 1979, ao lado de Almir Guineto.

caminho autoral seriam feitos a partir daquele momento. Eu estava, como tantas vezes na vida, no lugar certo e na hora certa. Já tinha sido assim com a Elza Soares."

Ubirany tem na memória uma conversa profética de Beth Carvalho com os caciqueanos dos primeiros tempos: "Ela nos chamou para uma conversa. Disse que tínhamos que conservar aquele espírito, aquele respeito. Que tudo tinha que continuar do jeito que ela tinha encontrado. Disse que a partir daquele momento não teríamos mais sossego. E ela acertou em cheio."

A madrinha passou a ir, religiosamente, toda quarta-feira ao Cacique. E mais, passou a acompanhar a turma em pagodes por todos os cantos da cidade. Até numa festa na casa do temido Tenório Cavalcante ela foi parar. "Eu só queria saber dessa rapaziada, de estar com aquela gente, não interessava onde. Como sempre ficava tarde, eu acabava dormindo na casa de um deles. Fiquei amiga das famílias. Tinha pagode todo dia."

Beth Carvalho tem razão quando diz que nenhum cantor ou cantora da música brasileira viveu, como ela, aquela agitação, aquela mudança dos ventos no navegar do samba. A madrinha da geração de ouro do gênero, que deu voz e abriu passagem para Cartola e sua turma, seria, daquele telefonema de Alcir em diante, responsável por apresentar a todos a grande revolução sonora do samba. O cavaquinho, o surdo e o repique tradicional ganhariam a companhia do banjo, do tantan e do repique de mão. Além de criar letras e melodias maravilhosas e inventivas e de apresentar a última grande escola de partideiros, os frequentadores daquele quilombo urbano mudariam também a forma de se cantar e tocar o samba. Como se diz na roda da malandragem: só tinha cobra de duas cabeças.

CAPÍTULO

6

Capítulo 6
BANJO, REPIQUE E TANTAN

Outro personagem importante que já andava pelo Cacique de Ramos quando Beth chegou – e se tornará, mais adiante, parte fundamental da nossa história – é o percussionista e produtor Milton Manhães.

Carioca do Morro do Jacarezinho, aos 14 anos já era diretor de bateria do bloco Bafo da Onça, o rival histórico da agremiação de Ramos. Criado em 1961, o Cacique ainda era um curumim quando Bira Presidente, que frequentava os ensaios do Bafo no tradicional Clube Minerva, no Rio Comprido, concluiu que aquele menino, que comandava os marmanjos e se virava em todos os instrumentos da bateria, seria um reforço e tanto para sua jovem tribo.

> *Em 1976, o Sport Club Minerva, fundado em abril de 1946, se fundiu com o Astória Futebol Clube, criado em outubro de 1934. O resultado dessa união foi o Helênico Atlético Clube, que até hoje funciona na Rua Itapiru, 1305. O Minerva e o Astória sempre tiveram a função de promover o convívio social dos moradores do Rio Comprido, Catumbi e adjacên-*

> cias. Por isso, os ensaios do Bafo da Onça eram realizados ali. Mais tarde, o Helênico abrigaria rodas famosas de sambistas como Casquinha e João Nogueira. Por sinal, o primeiro encontro entre João e seu grande parceiro Paulo César Pinheiro aconteceu ali.

E realmente, chegando lá, Manhães caiu nas graças da rapaziada. Mas não apenas dessa turma. Em pouco tempo, ele passou a ser requisitado por artistas como Xangô da Mangueira, Nadinho da Ilha e acabou rumando para São Paulo, onde viveu por dez anos, sempre tocando o melhor samba carioca.

Manhães voltou para o Rio para cuidar da mãe, que havia adoecido, e para o próprio Cacique de Ramos, justamente quando peladeiros, cachaceiros, jogadores e sambistas arquitetavam aquelas quartas sagradas. "Ô Magalhães, vamos organizar um samba", era a voz de comando de Neoci para começar a batucada.

Ele conta que, muito rapidamente, o samba suplantou a pelada: "Chegou um momento que acabou o futebol. Nós chegávamos às 20h e terminávamos de manhã, tomando café na padaria ao lado. Então foi chegando todo mundo: Beto Sem Braço, Deni de Lima, Sombrinha... Mais tarde Arlindo Cruz, Zeca Pagodinho e virou o que conhecemos."

Ele explica que a introdução de novos instrumentos aconteceu de forma natural. Após um desfile do bloco, com as peças furadas por conta da chuva, Ubirany pegou um repique que só tinha um dos couros intactos e improvisou, tocando com a mão. A turma aprovou aquele som. "O pai dele e do Bira, Seu Domingos, era ferreiro. Vendo aquilo, acabou construindo um instrumento já sem o couro de baixo, com algumas adaptações", relembra Manhães.

O produtor conta também que a primeira vez que viu um banjo no samba foi na Quadra Calça Larga, no alto do Morro do Salgueiro. Ele ouviu um som diferente e percebeu que quem estava tocando o instrumento era Seu Serra, pai de Almir Guineto, que havia ganhado de presente de um amigo e estava experimentando a novidade na roda.

Guineto, cria do Salgueiro, era o cavaquinhista dos Originais do Samba, grupo que também tinha o humorista e sambista Mussum como integrante. Mas ele, a princípio, não gostou da novidade e da sugestão de Manhães para assumir o instrumento. Os dedos doíam, o som era estranho...

Apesar de a afinação ser a mesma do cavaquinho, o instrumento tinha um problema: as cordas, muito tensas, desafinavam com mais facilidade. Por outro lado, naquela roda acústica que não parava de crescer, ele tinha o volume ideal. No meio daquela pressão rítmica e do alto volume das muitas vozes do público que passou a frequentar a quadra, os violões e cavaquinhos praticamente desapareciam.

"Essas alterações na instrumentação determinaram o estilo de som que fazíamos. Não foi uma coisa planejada do tipo: 'Vamos fazer diferente.' As coisas surgiram da criatividade e da necessidade. E nada é mais samba que essa mistura", explica Jorge Aragão.

Para ele, o conselho de Beth de preservar a autenticidade e a beleza daquele reduto foi seguido à risca por todos vida afora. "O Fundo de Quintal, que se forma daquele grupo inicial e se funde com a história do Cacique de Ramos, segue até hoje essa diretriz, não se curva, não se vende ao sucesso fácil, não nega suas raízes. E acho que essa nossa turma, cada um da sua maneira, pensa assim."

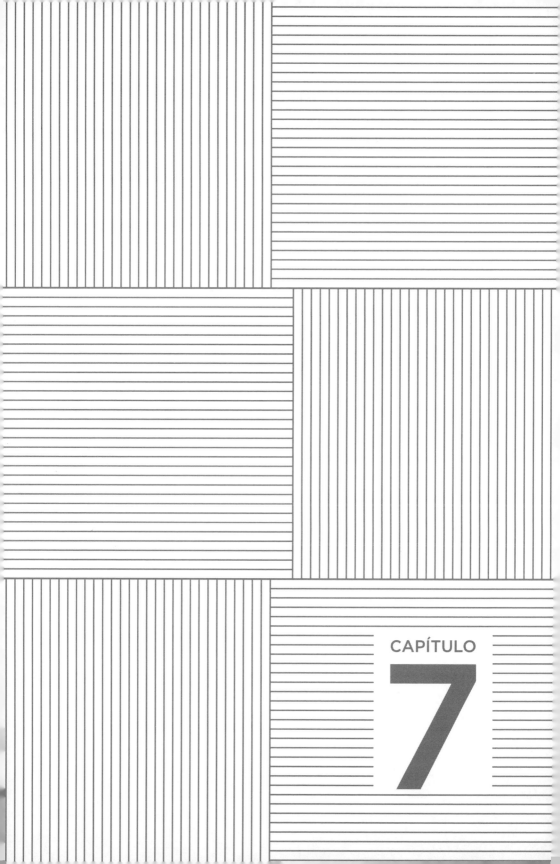

CAPÍTULO

7

Capítulo 7
VOU FESTEJAR

Depois de mais ou menos um ano e meio frequentando a quadra do Cacique de Ramos, Beth decidiu que era hora de começar a experimentar, em seus discos, aquilo que ouvia ali. Se, no início, o pacto de não incomodar aquela estrela que chegava no pagode deu certo, com o convívio e a amizade, os conselhos de Alcir Portela e Neoci foram esquecidos.

Beth lembra que tudo o que queria era estar naquele ambiente, onde se sentia à vontade, onde não havia cobranças, pedidos para gravar, essas coisas. Mas, com o tempo, passou a perceber no ar uma certa ansiedade, afinal, ela conhecera novos sambistas, uma nova maneira de tocar e cantar, ótimos instrumentistas. Por que não?

Então, ela convidou o seu produtor Rildo Hora, que também trabalhava com Martinho da Vila na RCA-Victor, para ver o que estava acontecendo e ajudá-la a selecionar algumas músicas para o seu próximo disco, *De Pé no Chão*.

"O violonista que ficava de plantão no Cacique de Ramos era o Jorge Aragão. Pouca gente fala sobre isso, mas a generosidade dele era impressionante. Passava a noite ali, ouvindo tudo, acompanhando os outros. Era o único que não saía da roda", lembra Rildo.

JORGE ARAGÃO

Ele gostou do que viu e lembra que acompanhou várias audições para o disco, mas uma música, em especial, chamou sua atenção. Era um samba de empolgação feito para o bloco, um sucesso nas rodas e no último desfile do Cacique.

Jorge Aragão não lembra como "Vou festejar" foi criada. Ele só se recorda de ter voltado, certo dia de carnaval, com aquela pulsação do batuque dos tamancos dos índios e o início de uma melodia na cabeça. "Eu passava o dia ali cantando e compondo sambas. Então, sempre alguém chegava com uma melodia, um pedaço de letra. O Neoci estava sempre comigo, já o Dida, meu outro parceiro, era compositor laureado no Cacique. Mas não lembro bem da situação, minha memória para essas coisas é péssima."

O certo é que Dida teria um papel fundamental na trajetória de "Vou festejar". Depois de ter gravado "Malandro", em 1976, Elza Soares ficou curiosa para ouvir outras composições do autor

Cacique de Ramos na avenida, Carnaval de 1978.

O ENREDO DE UM SAMBA

daquele sucesso estrondoso. Então, como da primeira vez, algumas músicas de Jorge Aragão chegaram às mãos da cantora.

Ainda no *cast* da Tapecar, em 1978, Elza trabalhava com os produtores Gerson Alves e João Carlos Soares no novo disco *Pilão + Raça = Elza*. Duas músicas, então, caíram no gosto da cantora: "Vou festejar" e "Perdão, amor". A primeira, como já sabemos, de Jorge Aragão, Neoci e Dida. A segunda, apenas dos dois primeiros compositores.

Certo dia, Elza chama os parceiros para ouvirem o resultado das gravações. Ao ouvir o arranjo mais cadenciado de "Vou festejar", longe da vibração com que a música era cantada nas rodas e no desfile, Dida não se conteve: "Está tudo errado, o nosso samba não é para ser tocado no Theatro Municipal. Esse samba é para ser cantado nas ruas, pelo povão."

Jorge Aragão lembra que um dos produtores, ele não sabe qual, ao ver a reação de Dida, reclamou: "É por isso que o com-

Capa do clássico LP De Pé no Chão, de 1978.

Jorge Aragão e Beth Carvalho.
Jorge Aragão, Beth e Neoci.

positor não tem que ser chamado para ouvir a gravação. Esse cara não entende nada."

Pelo jeito, aquele cara entendia sim. A ousadia custou caro e Dida acabou ficando fora do disco de Elza. O samba foi cortado e substituído por "Perdão, amor", um belo samba de Jorge Aragão e Neoci, com arranjo de Gilson Peranzzetta, mas que não deu nem para a saída com o que aconteceria com "Vou festejar".

"Cheguei a ouvir o arranjo de 'Vou festejar'. Era com um trio de piano, baixo e bateria. Eu tinha ouvido a música na rua, no bloco, sabia que não era nada daquilo", lembra Beth Carvalho.

Mais uma vez, o acaso teria papel fundamental na vida do sambista. A primeira e única vez que Jorge Aragão se lembra de ter desfilado no Cacique de Ramos foi, justamente, no carnaval de 1979, quando "Vou festejar" já era um sucesso nacional. E as lembranças desse dia foram marcantes para o sambista que não bebia, não era carnavalesco e nunca gostou de muita confusão.

Ele frequentava a quadra, mas não o bloco. Não tinha noção do que era aquela apoteose indígena, aquele ataque de alegria com bordunas de felicidade.

O ENREDO DE UM SAMBA

"A música pegou tanto que o desfile do Cacique de Ramos pulou de, digamos, mil para umas dez mil pessoas. Foi uma bagunça tão grande que ninguém sabia onde começava e onde acabava o bloco. O samba atravessava, tamanha a multidão. Então, uma hora me deu um pavor danado. Eu não sabia o que era uma música explodir dessa forma, e era minha. Minha e de meus parceiros", recorda, com orgulho, Jorge.

Ele lembra que, em determinado momento, Bira Presidente o chamou para perto do caminhão, afinal ele era um dos compositores do samba. Jorge começou a cantar, fechou os olhos e, quando abriu, não tinha mais ninguém na sua frente: "Eu realmente não entendia como funcionava um desfile do Cacique. As pessoas tinham se abaixado, numa coreografia. Eu não sabia que aquilo existia. Só sei que todo mundo tinha desaparecido. Até que na hora do refrão ("Você pagou com traição...") todo mundo levantou, pulou e eu quase morri de susto. Eu vi um bolo de gente vindo, parecia uma avalanche. Foi uma porrada."

Era o índio do sonho levando Jorge para passear nas nuvens.

Gravação coletiva em estúdio.

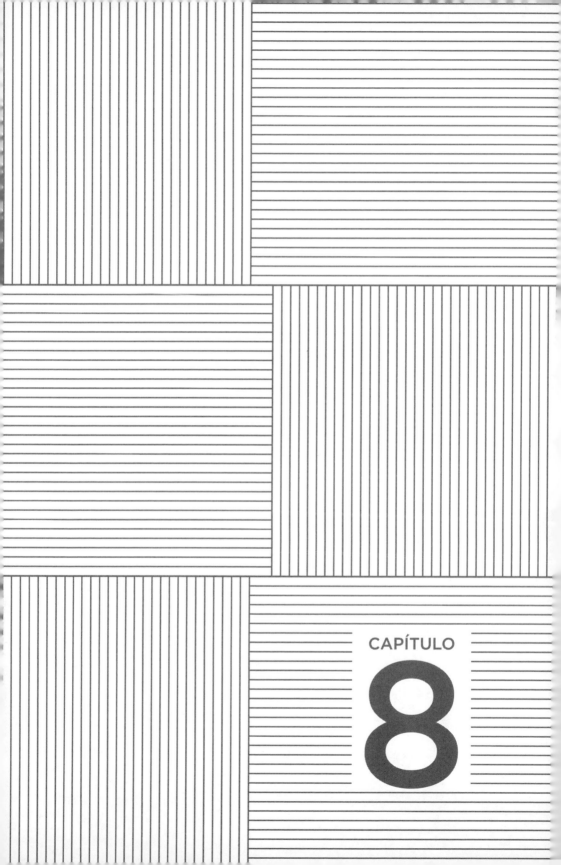

CAPÍTULO

8

Capítulo 8
FRUTOS DA TAMARINEIRA

O sucesso de "Vou festejar" mudaria não apenas a vida de Jorge Aragão, mas a de todos os seus companheiros de música, do pagode à sombra da tamarineira da Rua Uranos. O samba, a primeira faixa do lado A, espaço mais disputado nos antigos LPs, tocou de norte a sul do país e sua intérprete ultrapassou a marca de 500 mil cópias, firmando Beth Carvalho como uma das grandes vendedoras de disco do mercado.

"Em cada esquina desse país, depois desse disco, eu via um repique, um tantan e um banjo. *De Pé no Chão* apresentou um outro tipo de samba e também me fez mais popular do que eu já era. Só eu poderia ter gravado 'Vou festejar', porque era a essência daquilo que eu estava vivendo com eles", conta Beth, lembrando que outros compositores do Cacique de Ramos como Beto Sem Braço, Pintado e Neném também estavam presentes no LP.

"Esse disco, impulsionado por 'Vou festejar', botou, mais uma vez, o samba na mídia", diz Zeca Pagodinho.

O sucesso de Beth foi tão grande que artistas de todas as frentes da música brasileira começaram a frequentar a quadra do Cacique de Ramos e a prestar atenção naquela rapaziada. Martinho da Vila, por exemplo, possivelmente influenciado por Rildo Hora, levou Almir Guineto e Neoci para fazer participações no disco *Tendinha*, também de 1978, todo centrado no partido-alto, o tipo de samba em que os partideiros versam sobre um mote sugerido.

Mas Jorge Aragão era mesmo a bola da vez. Logo depois do sucesso com Beth Carvalho, a romântica "Logo agora", parceria com Jotabê, ganhou as rádios na voz de Emílio Santiago. "A loucura é que continuávamos ali, no mesmo lugar, compondo e cantando nossos sambas. As coisas aconteciam naturalmente. E todo mundo passou a dar as caras na nossa área", afirma Jorge.

Todo mundo mesmo. Nelson Cavaquinho, Elizeth Cardoso, Martinho da Vila, Zé Kéti, Alcione, Elza Soares e, entre outros tantos, Sandra de Sá, que mais tarde teria papel importante na vida do nosso personagem ao gravar "Enredo do meu samba", dele e de Dona Ivone Lara, na abertura da novela *Partido-alto*, em 1984.

Beth é, disparada, a maior intérprete de Jorge Aragão, mas Alcione, mesmo em sua transição de sambista à cantora romântica que passeia por diversos estilos, é presença recorrente ao esmiuçarmos a obra do artista.

Jorge Aragão toca banjo para Paulinho da Viola e Leci Brandão. (Foto: Paulo Rubens Fonseca)

Em 1979, no disco *Gostoso Veneno*, a Marrom gravou "Primeira escola", do mesmo trio de "Vou festejar". Em 1981, o disco *Alcione* abre com "Sem perdão", de Jorge, Sereno e Nilton Barros, e ainda registra "Marcas no leito", de Jorge, Sombrinha e Jotabê. No ano seguinte, em *Vamos Arrepiar*, disco que traz gente como Arlindo Cruz, Sereno, Noca da Portela, Dida, Adilson Victor e Nilton Barros, ela grava duas de Jorge Aragão: "Pra que negar", com Jotabê, e "A festa é da massa".

Já em 1983, no LP *Almas e Corações*, Alcione canta "Questão de fé", parceria do compositor com Dida, e lança a primeira música de Jorge Aragão com Zeca Pagodinho, tendo ainda Sombrinha como parceiro: "Mutirão de amor". Um ano depois, em *Da Cor do Brasil*, outro clássico: "Na mesma proporção", de Jorge com um de seus primeiros parceiros, Nilton Barros.

Já Elza Soares, mesmo depois do descuido com "Vou festejar", ainda abriu o disco *Somos Todos Iguais*, de 1985, com uma música de Jorge sem parceiro algum, "Osso, pele e pano". Além disso, em *Voltei*, de 1988, regrava "Malandro", em um *pot-pourri*.

Mas quem festejou mesmo a (re)descoberta do compositor foi Beth Carvalho. Rildo lembra que, depois da gravação e do sucesso do samba, Jorge Aragão passou a ser a bola da vez nos discos da cantora, ou seja, passou a ter um espaço quase que cativo no repertório gravado pela madrinha.

"A gravação desse samba não foi um registro qualquer. Decidimos levar junto com a música todo o clima daquilo que víamos na quadra, a empolgação e as características do bloco. Por isso botei 20 caras fazendo a marcação no tamanco. Depois, dobramos a gravação para dar o efeito daquele batuque do Cacique de Ramos", explica Rildo.

O produtor, que mais tarde viria a trabalhar com Jorge na Ariola, diz que o sambista virou, nesse momento, uma espécie de talismã ou de coringa: "É quase que uma obrigação para o produtor insistir no compositor, um agradecimento pelo sucesso. Mas tem também o lado da superstição."

Prova disso é que Jorge Aragão, durante os dez anos seguintes esteve em quase todos os discos da cantora. Se *De Pé no Chão* foi uma revolução na vida de Beth e de Jorge, o disco seguinte, *Beth Carvalho no Pagode*, de 1979, foi o marco na carreira de todos daquela geração. Outra pancada de Jorge Aragão, dessa vez com Almir Guineto e Luiz Carlos Chuchu, abre o disco: "Coisinha do pai", uma homenagem à sua primeira filha, Vânia. Rildo, mais uma vez, resolveu usar os próprios instrumentistas para legitimar o registro. O violão da introdução é

Nos anos 90, reencontro com Elza Soares no programa de Hebe Camargo. (Fotos: Marinho Kudse)

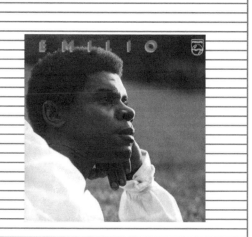

Emílio Santiago e Alcione gravavam canções de Jorge Aragão nos anos 1970.

do próprio Jorge Aragão, em sua primeira gravação em estúdio como instrumentista. Em seguida, entra o repique de mão de Ubirany, fazendo um efeito maravilhoso.

"Insisti com o Jorge Aragão para que ele tocasse aquele violão porque era uma característica marcante daquela roda. Só ele sabia aquela levada. E o tempo provou que eu estava certo. Tanto que ele repetiu a dose em outras gravações de sambas do Cacique", diz Rildo.

Jorge e Guineto assinam outra faixa do LP, agora com Luverci Ernesto, um policial paulista, já falecido, que era um letrista de mão cheia: "Tem nada não". O disco tem ainda "Senhora rezadeira", de Dida e Dedé da Portela; a pérola "Pedi ao céu", outra da dupla Guineto e Luverci; e "Samba no quintal", dos paulistas Toninho e Everaldo Cruz, aqueles que Beth conheceu através de Neoci.

Estava aberta uma porteira que até hoje não fechou. Para dar ainda mais moral à turma, Beth incluiu, nesse mesmo pacote sambístico, "Obrigado pelas flores", de Monarco e Manacéa, duas glórias da Portela, e "Andança", a música de Edmundo Souto, Danilo Caymmi e Paulinho Tapajós que marca o início de sua carreira.

CAPÍTULO

9

Capítulo 9
DO FUNDO
DO NOSSO QUINTAL

Além de gravar vários compositores, Beth também levou os músicos que faziam aquela roda de samba diferente para *De Pé no Chão* e *No Pagode*. Quando essas duas empreitadas terminaram, por sugestão de Valdomiro, um amigo de Neoci que trabalhava na Tapecar e frequentava o Cacique, aquele grupo, que se conhecia pelo olhar, ganhou um nome: Fundo de Quintal.

"Foi a partir desse reconhecimento pelas mãos da Beth que decidimos oficializar o grupo, para gravarmos parte daquela produção que não parava de crescer. O Fundo seguiria essa história de preservar aquela raiz, de gravar com aqueles instrumentos e, principalmente, de não ter uma estrela, um cantor. Todo mundo tocava e cantava", lembra Ubirany.

É aí que entra em cena nosso velho conhecido Milton Manhães. Mesmo com o aval de Beth Carvalho, ainda havia um abismo entre aquele samba moderno e inovador e o interesse comercial das gravadoras. Ninguém queria saber dessa coisa de novidade no samba, só do que já era estabelecido, dos grandes cantores como a própria Beth, Alcione ou Roberto Carlos. É importante ressaltar que esse momento ainda é de transição entre um modelo mais artesanal e o que viria a ser a grande indústria de discos no Brasil, com a entrada em peso das multinacionais e seus diretores comerciais.

Excelente percussionista, Manhães tinha os mesmos dons de liderança e de convencimento de Neoci. Articulado e direto, tratava todo mundo como igual onde quer que estivesse. Assim sendo, primeiro tentou uma cartada junto à RGE. Argumentou com um conhecido do departamento de vendas da gravadora que o Fundo de Quintal era a síntese do que se fazia no Cacique de Ramos, que Beth Carvalho assinava embaixo, que o samba era a cultura do nosso povo, essas coisas. O amigo ficou de levar essa proposta adiante, mas Manhães sabia que as chances eram remotas.

Nessa mesma época, coincidentemente, a gravadora americana K-Tel tentava se estabelecer no Brasil. Ao contrário do que se acreditou em um primeiro momento, ela não veio atrás de uma produção roqueira tupiniquim. O que os gringos queriam mesmo era samba. Rock eles já tinham o melhor, nos Estados Unidos. Então, convidaram o maestro Ivan Paulo, que trabalhava com Alcione, Clara Nunes e outros, para trabalhar como diretor artístico.

Mas o negócio de Ivan Paulo era fazer arranjos, não cuidar de *cast* de gravadora ou lidar com a vaidade dos artistas. E como o assunto era samba, ele tinha na manga a pessoa ideal. Na primeira reunião com a K-Tel, Manhães já levou a ideia de gravar o primeiro disco do Fundo de Quintal.

Difícil não foi convencer os executivos americanos. O problema foi explicar para Bira, Ubirany, Sereno e companhia que eles iriam gravar sem ganhar nenhum tostão. "A companhia é americana e não tem dólar na jogada?", perguntou, na lata, Bira Presidente.

Não, não tinha nem dólar, nem cruzeiro, que era a moeda vigente no Brasil. Sem muita opção, Manhães acabou gravando um disco primoroso e raro do baiano Walmir Lima, compositor que já havia sido gravado com muito sucesso por Alcione, em 1977 – sua canção "Ilha de Maré" abre o LP *Pra Que Chorar* –, e por Beth Carvalho, que registrou "Dindinha lua", em *No Pagode*.

Para se ter uma ideia do que o grupo cacigueano perdeu com a teimosia de Bira, basta ver a ficha técnica de *Walmir Lima*. Lá está a nata dos músicos que gravavam na época. Nos violões, Dino 7 Cordas e Neco; no acordeão, Chiquinho; nas percussões, o próprio Manhães; o surdo de Juca; e, ironicamente, Ubirany e Almir Guineto, dois integrantes do Fundo de Quintal.

Mas Bira e sua turma teriam uma segunda chance. E também uma terceira, uma quarta... O santo dos sambistas que se reuniam à sombra da tamarineira, na quadra da Rua Uranos, sempre foi forte.

Certo dia, Manhães é procurado por Bira e Ubirany. Eles haviam sido sondados pela RGE e, agora, se aconselhavam com o amigo. O que nenhuma das partes sabia é que Beth Carvalho ainda não tinha terminado a missão de levantar a bola dos sambistas. Ela estava por trás do convite.

Ao saber das dificuldades que o Fundo de Quintal estava tendo para gravar, ela procurou o violonista Durval Ferreira, ex-diretor de sua gravadora, RCA, que havia migrado para a concorrente. Amigos desde os tempos em que Beth flertou com a bossa nova, ela comentou com Durval que havia tentado, sem sucesso, levá-los para o seu time, mas que ele poderia dar uma chance ao grupo na RGE.

"O Durval perguntou se era o grupo que tinha dado aquele balanço todo ao meu trabalho. Eu disse que sim, fiz discurso e até me meti no contrato. Consegui aumentar o percentual deles que era, sei lá, de 5% para 7%, o que ainda era uma miséria", conta Beth.

As coisas, no entanto, se ajeitaram mesmo quando Durval Ferreira convidou o próprio Manhães para ajudá-lo a produzir o

Jorge, Almir e o Fundo de Quintal.

Fundo de Quintal. Quanto aos arranjos, não haveria muitos problemas porque, além da turma tocar junta há anos – ou seja, a dinâmica era fantástica –, só tinha craque. Jorge Aragão e Sombrinha, nos violões; Bira Presidente, no pandeiro; Almir Guineto, no banjo; Sereno e Neoci, nos tantans; e Ubirany, no repique.

Samba É no Fundo do Quintal, lançado em 1980, traz na capa os sete integrantes, vestidos com as cores do Cacique de Ramos: preto, vermelho e branco. O disco é um cartão de visita da melhor qualidade e apresenta algumas características que definem o grupo até hoje, independente da formação: todos tocam, todos cantam, tudo é discutido e nenhuma substituição se dá por desavenças. Na maioria das vezes, sempre tendo Bira, Sereno e Ubirany – herdeiros das famílias fundadoras do bloco – como esteio, ainda que seus integrantes saíssem em busca de novos caminhos profissionais.

A maior parte do repertório desse trabalho pioneiro é, até hoje, cantada nas rodas de samba do país inteiro. O disco apresentou clássicos como "Você quer voltar", de Gelcy do Cavaco e Pedrinho da Flor; "Gamação danada", de Almir Guineto e Neguinho da Beija-Flor; além de "Bar da esquina", de Jorge Aragão e Jotabê. O Fundo também deu nova vida a um clássico de Tio Hélio, baluarte do Império Serrano: "Prazer da Serrinha".

Milton Manhães diz que a formação do grupo foi definida pouco antes da gravação. Ele conta que Tio Hélio, não o do Império Serrano, mas o que frequentava a quadra do Cacique, e o próprio Manhães estavam, inicialmente, escalados: "Em cima da hora o Tio Hélio saiu, não sei por qual motivo, e eu já estava trabalhando com vários artistas e produzindo. Não era a minha."

O produtor ainda sofreria um pouco com o amadorismo dos primeiros tempos do Fundo de Quintal. Convidados por Beth Carvalho para fazer o Projeto Pixinguinha país afora, os sambistas deixaram de lado ações de promoção e divulgação do LP. E, por contrato, eles não poderiam cometer tal deslize. Foi aí que o poder de convencimento de Manhães foi posto à prova: "Vieram falar comigo com a rescisão de contrato na mão. Quando o pessoal voltou da viagem pensando em fazer o segundo disco, eu disse: 'Os caras não querem mais vocês. Acho que não tem conversa'", relembra o produtor.

> *O Projeto Pixinguinha, idealizado por Hermínio Bello de Carvalho, foi lançado em 1977. Sua proposta inicial era percorrer o Brasil com apresentações que unissem nomes consagrados da música popular e artistas que iniciavam sua trajetória na época. Assim, o Projeto Pixinguinha funcionava como uma extensão do Projeto Seis e Meia, que tinha a mesma ideia de mistura de gerações e fazia um enorme sucesso reunindo grande público no Teatro João Caetano, com apresentações a preços populares, sempre no horário do fim do expediente de trabalho. O Projeto Pinxinguinha colocou lado a lado no palco artistas como Cartola, Moreira da Silva, Jackson do Pandeiro e, os então estreantes, Edu Lobo, Djavan, Paulinho da Viola, entre outros.*

Conversa até teve, mas em outras bases. Para fazer o segundo LP do grupo, Manhães abriu mão de tudo. A gravadora pagou apenas o estúdio. Mas essa é outra história porque, nesse momento, nosso personagem já tinha pulado o muro do Fundo de Quintal. Ele cedeu seu lugar para Arlindo Cruz. Definitivamente, ficar preso entre as paredes de uma sala de aula, dentro dos muros de um quartel ou a uma formação fixa de banda não era com ele.

Não que Jorge Aragão tivesse algum grande projeto pessoal em mente, só não vislumbrava para si os trabalhos de divulgação, os figurinos, as viagens frequentes, enfim, uma carreira de artista. Seu barato era compor. Sentar com seu violão e criar caminhos harmônicos, melodias e letras. E isso, naquele momento, fazia sentido. "Meus grandes amigos do samba, até hoje, eu conheci no Cacique de Ramos. Mas, rapidamente, descobri que não queria fazer parte de grupo, vestir calça branca, camisa listrada, essas coisas", ele reconhece.

Depois de "Vou festejar" e "Coisinha do pai", Beth Carvalho contava com ele em seus discos. Não apenas a Madrinha, mas, como já vimos, outros artistas requisitavam aquelas pérolas. E ele tinha uma enorme capacidade de compor muito e com qualidade.

A sequência de músicas suas registradas em discos de Beth é impressionante. Em *Sentimento Brasileiro*, de 1980, "Herança", com Adilson Vitor e Luiz Carlos da Vila. No ano seguinte, no clássico *Na Fonte* – em que aparece com um cavaquinho na contracapa ao lado de Nelson Cavaquinho, Guilherme de Brito, Padeirinho, Noca da Portela, Mauro Diniz e outros –, "Pedaço de ilusão", com Jotabê e Sombrinha, e "Tendência", com Dona Ivone Lara. Essa, por sinal, uma música recorrente nas rodas:

Não, pra que lamentar
Se o que aconteceu, era de esperar
Se eu lhe dei a mão, foi por me enganar
Foi sem entender que amor não pode haver
Sem compreensão, a desunião tende a aparecer
E aí está o que aconteceu
Você destruiu o que era seu

Em *Suor no Rosto*, de 1983, Jorge Aragão volta à primeira faixa do antigo Lado A com a música-título, uma parceria com Nilton Barros e Dida, outra pedrada feita para o Cacique de Ramos e sua tribo botarem fogo no carnaval:

*Desta vez eu vou
Brincar, pular, mostrar quem sou
De peito aberto
Coração batendo forte
E na voz um canto de paz
Suor no rosto fantasia da alegria
Que só o carnaval me traz*

*Nos cordões e nos salões
Mil foliões iguais a mim
Carnaval é assim
Emoção sem fim*

Esse disco de Beth, que traz ainda "Coisas do amor", de Jorge com Sombrinha e Gilberto de Andrade, é um abraço definitivo ao Cacique e seu carnaval. "Firme e forte", de Nei Lopes e Efson; "Caciqueando", de Noca da Portela; "Doce refúgio", de Luiz Carlos da Vila; e "Jiló com pimenta", de Zeca Pagodinho e Arlindo Cruz, são sambas definitivos do padrão, da pegada e da poesia desse time renovador. De quebra, "Camarão que dorme a onda leva", de Arlindo Cruz, Beto Sem Braço e Zeca Pagodinho, marca a estreia do próprio Zeca, então um menino franzino que aparecia na quadra com uma sacola de supermercado em busca de um espaço para mostrar seu gigantesco talento.

Jorge Aragão reconhece que sempre foi um compositor romântico, mas que, nesse período, foi quase que obrigado a fazer sambas de embalo, devido à sequência de sucessos: "Não tinha como, eu vivia aquele ambiente, mas não quer dizer que eu não gostasse de carnaval, essas coisas. Mas não estava na minha essência. Eu simplesmente vi que tinha talento para aquilo, os parceiros me procuravam para desenvolver as ideias e o acaso se encarregou do resto."

Por acaso ou não, o disco *Coração Feliz*, de 1984, marcou mais uma escolha certeira de Beth e Rildo Hora: "Toque de malícia", uma pérola de cantada carnavalesca e de sedução. Era a prova que Jorge era a alma desses sambas gravados pela cantora, letra e música são de sua autoria.

> *Vem*
> *Entregue essa ternura em seu olhar*
> *Não negue o que eu já fiz por merecer*
> *Aqueça o coração que bate por você*
> *Pra valer*
>
> *Senti num toque de malícia o seu amor*
> *Carinho não se pede, por favor*
> *Por isso eu pude ver*
> *Com que prazer você chegou*
> *(E agora)*
>
> *Agora é cantar*
> *Deixar o corpo balançar*
> *Não quero ver ninguém de fora*
> *Abre a roda, vem brincar*

Ao ser convidado para fazer uma participação no DVD e no CD do projeto *Sambabook*, o pernambucano Lenine não pensou duas vezes antes de escolher "Toque de malícia" para cantar.

Essa música tem um simbolismo especial para ele. No início de 1980, Lenine foi passar férias no Rio de Janeiro com o intuito de acompanhar o nascimento do filho, o também cantor João Cavalcante, fruto de uma paixão de carnaval. Era janeiro e, mesmo dividindo um apartamento de quarto e sala com uns amigos na Urca, se sentia muito sozinho. Decidiu dar uma caminhada do Leme ao Leblon, o equivalente a uns oito quilômetros. Bateu um banzo enorme, saudades de casa. Pensou: "O que estou fazendo aqui?" Resolveu que era hora de voltar para Recife.

Era um domingo de sol. Em meio a esses devaneios, Lenine encontra um amigo que havia conhecido, meses antes, em Olinda.

"Olinda sempre foi bastante cosmopolita, recebia gente do Brasil inteiro, era um ponto de encontro. O Julio, esse meu amigo, era produtor da Beth Carvalho na época. Quando me viu, perguntou o que eu estava fazendo no Rio. Eu, desanimado, disse: 'Pensando em um jeito de voltar para Recife.' Mas ele disse para eu me arrumar que iria me levar a uma festa. Segundo ele, uma festa bancada por um bicheiro em um lugar chamado Cacique de Ramos", relembra o compositor.

Diz um velho ditado baiano que "pra quem está de bobeira, caminho errado é atalho", seguindo essa sabedoria lá foi o pernambucano solitário para a festa do amigo salvador. Mas a sorte, que tanto acompanha o nosso Jorge, também se espalha por outros caminhos, e Lenine teve a felicidade de presenciar um dia único, em que Beth foi fazer uma audição de sambas, garimpar algumas joias para a sua farta coleção.

"Eu caí de paraquedas naquele lugar. Ouvi aqueles sambas em menor, os refrãos em menor. E eu me perguntava como é que podia aquilo. O cara que mais me impressionou naquela ocasião foi o Luiz Carlos da Vila. Mas a sonoridade toda era diferente. Eu não tinha a menor ideia do que estava acontecendo. Quando começou o partido-alto, eu, já calibrado, totalmente fora do contexto, comecei a fazer versos. Foi tão inusitado que não me expulsaram da roda", relembra o cantor.

Anos depois, Lenine, já um artista reconhecido, encontra alguns daqueles sambistas pela estrada e lembra o ocorrido. Jorge Aragão foi o único que recordou a cena: "Você é aquele paraíba que entrou na roda, versou com todo mundo e foi embora!"

Lenine conta que, a partir desse dia, adiou qualquer tentativa de ir embora do Rio de Janeiro: "Eu só vim realmente tomar consciência do que tinha acontecido com o passar dos anos, quando aqueles compositores começaram a aparecer. Ali eu me reconheci no humor, na brincadeira com a palavra. Foi redentor me encontrar dentro de um universo de expressão, em um nicho que eu jamais imaginava que existisse, com pessoas tão diferentes pensando com mecânicas parecidas. E terminou tendo essa simbologia pra mim, quem me aceitou no Rio de Janeiro não foi nem a MPB, nem o rock, que disputavam espaço nos anos 1980. Foi o samba que me recebeu."

É possível perceber a influência que esse encontro teve na vida de Lenine. Compositor de sambas antológicos para blocos da Zona Sul carioca como o Suvaco do Cristo e Simpatia é Quase Amor, a partir de meados da década de 1980, ele usou e abusou de tons menores, de refrãos pulsantes, de imagens criativas em duplo sentido e de uma poesia contemporânea.

Jorge Aragão continuaria emplacando, durante muito tempo, músicas em discos de Beth Carvalho. Para *Das Bênçãos que Virão com os Novos Amanhãs*, de 1985, trouxe "Mais que um sorriso", dele e de Edmundo Souto; no *Ao Vivo*, de 1987, "Pé de vento"; em *Alma do Brasil*, de 1988, "Nem pensar", com Sombra e Sombrinha; e em *Beth Carvalho*, de 1999, apresentou "Lucidez", com Cleber Augusto, e "Pedaço de ilusão", com Sombrinha e Jotabê.

Mas bem antes disso, Jorge, como sempre ao sabor do vento, ou de um pé de vento, já havia começado a traçar a sua trajetória ímpar, não apenas entre os seus pares de Cacique de Ramos e Fundo de Quintal, mas dentro da própria história da música popular brasileira.

CAPÍTULO 10

JORGE ARAGÃO
(1981)

JORGE ARAGÃO (1981)

Gravadora: Ariola | **Produtor:** Mazzola

1. **CONCENTRAÇÃO**
   (Jorge Aragão / Sereno)
2. **RECOMPENSA**
   (Jorge Aragão / Jotabê)
3. **BORBOLETA CEGA**
   (Jorge Aragão / Nilton Barros)
4. **MÁ INTENÇÃO**
   (Jorge Aragão / Jotabê)
5. **ARVOREDO**
   (Jorge Aragão / Luiz Carlos da Vila)
6. **FLOR MAIS PURA**
   (Jorge Aragão / Nelson Rufino)
7. **GUERRA E PAZ**
   (Almir Guineto / Luverci / Jorge Aragão)
8. **CORAÇÃO TRAIÇOEIRO**
   (Jorge Aragão / Jotabê)
9. **MALHAS DO TEMPO**
   (Neoci / Alcir Capita / Jorge Aragão)
10. **RESTO DE ESPERANÇA**
    (Jorge Aragão / Dedé da Portela)

Capítulo 10
JORGE ARAGÃO (1981)

Logo após a gravação de "Malandro", por Elza Soares, a Tapecar produziu um compacto simples de Jorge Aragão, um pequeno disco de vinil que possuía apenas duas músicas e funcionava como um cartão de visita do artista. As gravadoras lançavam essas bolachinhas para testar seus cantores iniciantes, ou, no caso de um músico renomado, apresentar às rádios as novidades. Esses discos eram comercializados, mas o intuito primeiro era, realmente, sentir a reação do mercado.

As duas músicas registradas são da parceria com Jotabê, o que leva a crer que essas composições podem ter sido as outras apresentadas na tal "visita" à gravadora de Manolo Camero, com Neoci e Alcir Portela, em 1977.

"Cabelo pixaim", que ocupava o lado A, faria bastante sucesso, no ano seguinte, na voz de Emílio Santiago, no disco *Emílio*. A gravação, com sopros, teclados e vocais que remetem aos discos de música negra americana da gravadora Motown, é de uma modernidade impressionante. Ao ouvi-la, quase quarenta anos depois, Jorge Aragão tomou um susto: "Não lembrava desse som, parece aqueles arranjos diferentões, ousados para a época, do Lincoln Olivetti."

 Foto de divulgação do início de carreira.

A letra trata de um tema recorrente na obra de Jorge: a negritude.

Quero o seu amor, crioula
Por favor, não seja tola
Pra que serve então amar
Se você não sabe o que é se dar para alguém da cor

O lado B trazia um samba dolente chamado "Excelência", que conserva um quase ineditismo, já que nunca foi regravado.

Esse compacto, podemos dizer, passou em branco. Mas quando Marco Mazzola, no inverno de 1981, convidou Jorge Aragão para gravar seu primeiro LP, pela recém instalada Ariola, filial do grupo alemão Bertelsman, não houve compacto nem carta de apresentação. O visionário produtor e diretor artístico da empresa fonográfica decidira que o já afamado autor de "Vou festejar", "Malandro" e "Coisinha do pai" tinha tudo para se tornar a nova voz do samba carioca.

Profissional com raro faro para novos talentos e futuros *hits*, Mazolla surgiu no mercado musical ao comprar o barulho de Raul Seixas, na Philips (hoje incorporada à Universal Music), em 1973, gravando dois discos de uma só vez: *Os 24 Maiores Sucessos da Era do Rock* e o seminal *Krig-Ha, Bandolo!*. Três anos depois, foi responsável pela contratação de Belchior, já conhecido pelas gravações de Elis Regina de "Como nossos pais" e "Velha roupa colorida", no disco *Falso Brilhante*. O cantor e compositor cearense tinha amargado o fracasso em um LP lançado, em 1974, pela Continental.

Ainda no ano de 1976, ele se transfere para a filial brasileira da WEA (hoje, Warner Music), a convite de André Midani. Na função de diretor artístico, contratou Marina Lima, então apenas Marina, apoiou o projeto fonográfico das Frenéticas, e convenceu Gilberto Gil a gravar sua versão para "No woman, no cry", de Bob Marley. "Não chores mais", um dos maiores sucessos do baiano, tinha sido feita para um disco de Zezé Motta.

A carreira de Mazzola foi tão meteórica que, quando decidiram investir na criação da Ariola, ele era "o cara". Diretor artístico com carta branca da nova companhia, ele não pensou duas vezes: contratou estrelas como Chico Buarque e Milton Nascimento e investiu pesado nas novas revelações da MPB. Para termos uma ideia do faro de Mazzola, logo no primeiro ano, a Ariola lançou *Kleiton e Kledir*, da dupla gaúcha, com "Deu pra ti" e "Paixão"; trouxe de volta ao mercado Alceu Valença, em *Coração Bobo*; investiu no ótimo *Sentinela*, de Milton Nascimento; e produziu o compacto de Ney Matogrosso que trazia "Bandido corazón" e "Folia no matagal".

Apesar do elenco estelar, a Ariola durou pouco mais de um ano e acabou afundada em dívidas. Sem saída, o grupo alemão aceitou vender a companhia para a PolyGram (futura Universal Music), incluindo dívidas, fonogramas e os contratos em vigor. A Ariola, por exigência dos alemães, foi mantida com esse nome até 1983. Durante todo o período de transição, e mesmo depois quando a Ariola virou Barclay, Mazzola foi mantido à frente do negócio.

Mas em que tudo isso interfere na vida de Jorge Aragão? Simples, quando o sambista entrou em estúdio no tal inverno de 1981, a Ariola já vivia o seu colapso financeiro. Mesmo assim, Mazzola reuniu um time de primeira grandeza e, deixando outras funções de lado, voltou a ser o produtor inspirado de sempre.

Para começar, no disco que levava o seu nome, Jorge Aragão teve ao seu dispor, nos estúdios Transamérica, músicos como a dupla de violonistas Dino 7 Cordas e Neco, o cavaquinhista Alceu Maia, Zé Menezes e sua viola de 12 cordas, além dos amigos de Fundo de Quintal: Bira, Ubirany, Milton Manhães e Neoci.

"Quando fundei a Ariola, além das grandes estrelas que levei para lá, procurei abrir um leque abrangente de artistas, contemplando segmentos e regiões que eu acreditava importante artisticamente. Não tinha apenas a visão comercial da coisa. Achava que o que era bom artisticamente daria retorno. Então investimos no Nordeste, com a Elba Ramalho; no Sul, com Kleiton e Kledir e, aqui no Rio, eu acreditei no Jorge Aragão como uma grande promessa", lembra Mazzola.

O produtor, que hoje é o dono da gravadora MZA Music, gostava, particularmente, da maneira de compor do sambista: "Ele fazia, e faz, um samba diferente. Fugia ao padrão do samba tradicional, que consistia em uma primeira parte, uma segunda e um refrão. Ele brincava com a métrica e sempre criava uma terceira parte, uma nova situação de letra e melodia. Quando o contratei, fiz questão de produzi-lo."

Jorge Aragão é um disco raríssimo, nunca lançado em CD. Para se ter uma ideia, nem nos sites de compras da internet ele é oferecido. Mazzola, inteligentemente, não inventou. Além dos excelentes músicos já citados, apostou na sonoridade que Beth e, depois, o Fundo de Quintal já haviam apresentado em seus trabalhos.

Para não dizer que o produtor não inventou em nada, na capa, o abstêmio Jorge Aragão surge segurando um copo de cerveja. O repertório, todo autoral, contempla as primeiras parcerias do compositor.

"Concentração", com Sereno, tem a pegada carnavalesca do Cacique e foi muito cantada na quadra do bloco. Não tem explicação ela ter se perdido no tempo:

Chuva, tenha compaixão não desça agora
Minha escola por aí afora
Sai pela cidade pra sambar
Peço, na entrada da avenida

> *Uma passarela colorida*
> *Pelos raios do sol*

Do encontro com Jotabê, apesar da insistência do produtor para regravar "Malandro" – o que de fato aconteceria no disco seguinte – Jorge gravou três músicas completamente distintas, o que reforça a qualidade dos frutos dessa parceria.

"Recompensa" é um samba no estilo tradicional e repleto de belas imagens. Anos depois, a música nomearia um disco de Mestre Marçal (1985). Ney Matogrosso também regravou a canção em 1988, em *Quem Não Vive Tem Medo da Morte*. Já "Coração traiçoeiro" segue a linha de "Amigo é para essas coisas", sucesso de Aldir Blanc e Sílvio da Silva Júnior, de 1970, com um coro que entremeia a letra.

Em "Má intenção", a dupla retorna à temática do malandro que quer se dar bem. É visível a veia cronista de Jotabê e a melodia rebuscada de Jorge, talvez um pouco presa ainda à tradição do samba, mas o resultado é bem interessante:

> *Pinduca foi trabalhar*
> *Vai chover gasolina*
> *No bar da esquina, todos dizem que a mandinga da crioula Naná vai pegar*
> *Desde menino que Pinduca tinha medo de correr pra não cansar*

Outro parceiro fiel, muito admirado por Jorge, é Nilton Barros, de quem falaremos mais adiante, coautor de "Borboleta cega", uma das faixas mais bonitas do disco:

> *E a mulher que foi minha paixão*
> *Hoje, de mão em mão, chora por quem já não lhe quer*
> *Ao seu mudo grito, reflito em minha mente*
> *Ninguém deixa um poeta impunemente*

Como já sabemos, Jorge Aragão é um autor de muitos, mas não constantes, parceiros. E o disco de 1981 marca dois encontros brilhantes. Com Luiz Carlos da Vila ele assina a frondosa "Arvoredo". Já com o baiano Nelson Rufino, fez "Flor mais pura".

Jorge e Rufino se conheceram através de Milton Manhães, em 1979. Rufino já havia emplacado, juntamente com Zé Luiz do Império, "Todo menino é um rei", enorme sucesso do sambista Roberto Ribeiro, no disco que levava seu nome, de 1978. Jorge, por sua vez, ainda era apenas o autor de "Malandro".

"Tinha um ricaço que fazia umas festas e reunia a turma do samba, não lembro o nome dele. Eu estava com Walmir Lima, no Rio, e tive a felicidade de ser apresentado ao Jorge. Então ficamos amigos. Trocávamos cartas e, de vez em quando, ele ia para Salvador", lembra Rufino.

E foi numa dessas idas de Jorge, numa farra pelas praias da capital baiana, que Rufino, à época ainda um metalúrgico, parou em um posto de gasolina para abastecer o carro, e, por que não, a si próprio.

"Quando eu vi, por trás do posto, de dentro do mar, surgia uma lua cheia linda. Eu disse: 'Jorge, olha o que veio aqui, na minha cabeça.' E cantarolei: 'Quem dera que ao final dessa cantiga/ minha amada, eu consiga/ Finalmente lhe dizer/ Palavras, versos, pensamentos, juras/ Que eu sinto, flor mais pura, que surgiu no meu viver.' Na hora ele emendou a melodia da segunda", lembra Rufino. "Já era muita afinidade."

Depois, terminaram a letra e, em 37 anos de amizade, fizeram apenas mais duas ou três músicas. Sobre isso, Rufino reflete: "É impressionante, não sei por que não compus mais coisas com o Jorge Aragão. Eu gosto tanto dele, e ele de mim... Tenho uma música, 'Inusitado', que gravei com ele em meu DVD. Foi feita na praia dele, propositalmente, e todo mundo pensa que é uma parceria nossa. A maior dignidade de um

O ENREDO DE UM SAMBA

compositor é quando ele admira a obra alheira. E Jorge é um dos meus ídolos."

O LP tem ainda uma parceria de Jorge Aragão com Almir Guineto e Luverci, "Guerra e paz"; um bonito samba do Trio Tapecar, Jorge, Alcir "Capita" Portela e Neoci, "Malha do tempo"; e a regravação de "Resto de esperança", com Dedé da Portela. Essa música havia sido registrada, um ano antes, com um certo sucesso, por Roberto Ribeiro, em *Fala Meu Povo!*.

CAPÍTULO
11

VERÃO
(1983)

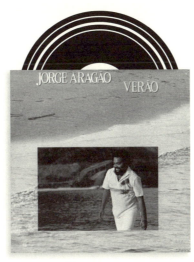

VERÃO (1983)

Gravadora: Ariola | **Produtores:** Mazzola e Rildo Hora | **Fotos:** Wilson Montenegro
Programação Visual: J.C. Mello e Wilson Montenegro

1. **VERÃO**
   (Jorge Aragão / Édson Conceição)
2. **ALEGRIA CARNAVAL**
   (Jorge Aragão / Nilton Barros)
3. **NEGA SANTANA**
   (Paulo George / Rildo Hora)
4. **CLARIDADE**
   (Nair Cruz / Jorge Aragão)
5. **MEU PENSAMENTO**
   (Jorge Aragão / Jotabê)
6. **FACILITA**
   (Luiz Ramalho)
7. **A MULHER DO BRASIL**
   (Anézio)
8. **TEMPO DE GLÓRIA**
   (Wilson Moreira / Nei Lopes)
9. **EU ME CONHEÇO**
   (Nelson Rufino)
10. **MALANDRO**
    (Jorge Aragão / Jotabê)

Capítulo 11
VERÃO (1983)

Se o primeiro disco foi gravado no inverno de 1981 e o resultado foi um longo e tenebroso congelamento das verbas de divulgação e publicidade, por conta do fracasso financeiro da Ariola, o sol brilhou novamente dois anos depois, para Mazzola e Jorge Aragão.

Já agregada à PolyGram como um selo, e antes de se tornar BarClay, a Ariola e seu presidente voltaram a receber dinheiro para a produção de novos discos de seus artistas. A aposta no ex-integrante do Fundo de Quintal, um compositor cada vez mais inspirado, se mantinha viva. E para isso, Mazzola convidou o mago dos estúdios e grande conhecedor de samba, Rildo Hora, o mesmo que assinava dezenas de sucessos com Beth Carvalho, Martinho da Vila e Alcione. Não tinha como dar errado.

Se o primeiro disco tinha uma cara de samba mais tradicional, com arranjos mais conservadores, *Verão* ganhou tons mais quentes. Rildo contou com um reforço de peso, Raphael Rabello e seu violão de sete cordas. O restante do time era do mesmo nível. Chiquinho no acordeão; Luizão Maia no baixo; e Wilson das Neves e Robertinho Silva nas baterias. Os violões de seis cordas ficaram a cargo de Ruy Quaresma e Nilton Barros.

Jorge com as filhas Vânia (à esquerda) e Tânia, em 1983.

O frevo que abre o repertório e dá nome ao disco, uma parceria com Edson Conceição, diz muito sobre outra aposta do visionário Rildo: o ecletismo do compositor. Jorge Aragão não era autor de apenas um tipo de música. E mais, para desespero do artista, Rildo acreditava nele como intérprete versátil e afinado.

Os arranjos eram sofisticados e modernos para a época. Mesmo no sambão de Jorge e Nilton Barros, "Alegria, carnaval", dá para perceber, junto à batida dos tamancos – uma repetição do que havia sido feito com "Vou festejar" – o baixo vigoroso de Luizão Maia.

Avesso a mostrar suas músicas para os artistas que produz, Rildo lembra que recebeu Jorge Aragão em sua casa para selecionar o repertório. E foi o próprio sambista que pediu para ele tocar algumas canções. Assim, a intrincada "Nega Santana" foi gravada. "Era uma música muito difícil de cantar. Tinha poucas pausas para respirar e a letra era difícil. Mas era uma música de peso", conta Jorge.

> *Quando ela passa provoca uma estranha euforia e paz*
> *A meninada da rua num instante a endoidecer*
> *Comida gostosa da boa com pouco dinheiro*
> *A nega traz num tabuleiro pra gente comer*

Se Vânia, sua primeira filha, tinha sido homenageada em "Coisinha do pai", Tânia, nascida em 20 de outubro 1978, também ganharia uma singela canção. Dona Nair cantarolava, para ninar a neta, uns versinhos improvisados:

> *Ô claridade, você é a minha claridade*

A partir daí, Jorge criou uma linda declaração de amor à sua caçulinha, assinada por ele e Nair Cruz:

> *Claridade é a neguinha caçula*
> *Que brinca e que pula*
> *Da mente não sai*
> *Tão gigante*
> *É meu pingo de gente*
> *Irmã da coisinha do pai*

Foto de divulgação do disco *Verão*, de 1983.

A família também esteve presente na dedicatória, estampada na contracapa: "À memória de José Ribamar, irmão e amigo."

A aposta de Rildo no lado intérprete de Jorge era tanta que metade das composições é de outros autores. Uma das faixas mais curiosas do disco é o xote "Facilita", de Luiz Ramalho, com letra e melodia que nada tem a ver com o restante da obra do sambista. No entanto, o resultado, no fim das contas, é engraçado e contagiante:

> *Comadre Joana sempre reclamou*
> *Da minissaia que a filha tem*
> *O namorado se invocou também*
> *E certo dia pra ela falou:*
> *Tua saia, Bastiana, termina muito cedo*
> *Tua blusa, Bastiana, começa muito tarde*

Logo, se nada desse certo, Jorge poderia seguir uma promissora carreira de cantor de forró. Brincadeiras à parte, *Verão* é um disco raro, mas pode ser encontrado no canal de vídeos *Youtube*. Vale à pena conferir a estreia de Jorge, o Príncipe do Baião.

Pelas mãos de Rildo, vieram também sambas mais tradicionais como "A mulher brasileira", de Anézio – compositor da Beija-Flor que integra os clássicos discos *Partido em 5*, volumes 2 e 3, e *Partido em 6* –, "Tempo de glória", de Wilson Moreira e Nei Lopes, e "Eu me conheço", de Nelson Rufino. O parceiro baiano, nessa época bem próximo ao carioca de Cascadura, parece saber que por trás da euforia de estar gravando, havia um Jorge ressabiado, querendo, mais uma vez, jogar tudo para o alto.

> *Eu me conheço, moço*
> *Eu sei quem sou*
> *Eu sei meu preço, moço*
> *Sei meu valor*

Sou pisada em terra firme
Sou certeza, sim senhor
Sou o ódio com motivos
Sem motivos, sou o amor
Sou resultado de coisas
A depender do momento
Minha atitude é sempre dar
as mãos ao meu temperamento

Contrariado, mas por pressão de Mazzola, Jorge Aragão fez sua versão para "Malandro". O autor tinha razão, a gravação de Elza Soares ainda era muito recente. Anos depois, ele faria outros registros melhores do samba feito em parceria com Jotabê. A dupla ainda apresenta "Meu pensamento", com uma pegada romântica e a gaita de Rildo marcando lindamente a melodia.

Como já dissemos, o disco tinha tudo para dar certo. Não deu e ninguém sabe explicar o motivo. O mais provável é que, na ida do *cast* da Ariola para a PolyGram, em meio a muitas estrelas, o tímido e deslocado Jorge tenha sido engolido.

"Eu não entendia porque tinham me chamado para gravar. Se fosse o Paulinho da Viola, o Martinho da Vila, eu compreenderia. Eles podiam comprar quem eles quisessem. Por que eu? Essa era a pergunta que eu me fazia o tempo todo", conta Jorge Aragão.

O sambista tem poucas lembranças do período. Não lembra de ter feito qualquer trabalho de divulgação, shows de lançamento, nada. Uma história, no entanto, marcou bastante a sua passagem pela Ariola.

Como já sabemos, Jorge Aragão tem aversão aos afazeres, e até à parte glamorosa, da vida de artista. Não gosta muito de dar entrevistas, de expor a sua vida pessoal, de frequentar festas. Até mesmo subir em um palco para cantar foi um desafio que ele venceu com o tempo. Jorge gostava mesmo era de compor: "Eu nunca mostrei música para artista, exceto naquela situação com a Elza Soares. A gente fazia, pelo menos, um samba por semana para mostrar nas quartas do Cacique. Então as pessoas iam lá catar músicas para seus repertórios. Eu queria mesmo era ficar ali compondo sossegado. Se o próprio Fundo de Quintal continuasse gravando as minhas músicas, eu já estaria satisfeito."

Certo dia, Jorge foi convidado para uma confraternização da Ariola, em São Paulo. Todos os artistas do elenco estavam lá. A festa era numa mansão de três andares com muita fartura de bebida e comida. Era uma euforia desmedida. O sambista, que sempre detestou festas, falatórios e bebida, ficou ali, quieto, apenas marcando posição.

Jorge, assim como boa parte dos convidados, foi direto do voo para a festa, deixando para fazer o *check-in* no hotel de madrugada. Ao chegar na recepção, cansado, ele vê surgir no saguão, sozinho, o presidente da companhia, José Victor Rosa. Acontece que, tal qual o "Pedreiro Waldemar", da marchinha de Wilson Batista e Roberto Martins – que fazia tanta casa e não tinha casa para morar –, ele havia fechado o hotel para artistas, funcionários e convidados ilustres, e, no fim das contas, por algum descuido, ficara sem quarto.

Ele tentou explicar que era o presidente da gravadora, que acontecera algum imprevisto e que já era tarde, estava cansado e precisava dormir.

Ao perceber que não seria aquela a noite em que dormiria naquele hotel, José Victor perdeu a cabeça e jogou copos, xícaras e pratos que estavam em um balcão já prontos para o café da manhã no chão.

Jorge, que estava ali distraído, quando viu a polícia chegando, pensou: "Deu zebra." "No início, ele tinha razão, mas perdeu a cabeça e jogou tudo no chão. Passou dos limites. Aquela cena foi inacreditável. Tinham que dar um jeito, mas não justificava aquilo, claro."

Percebendo que passaria a noite em outro ambiente, bem menos confortável, e ao ver aquele seu artista ali, de bobeira, gritou: "O meu cantor está aqui de testemunha."

Já versado na malandragem do samba, e sem muito a perder, Jorge viu ali uma boa oportunidade de se aproveitar da situação para colher os frutos mais adiante: "Pensei: 'Vou ficar do lado do presidente. De repente ele me dá uma força depois.' Então, quando já iam levando o sujeito, eu disse: 'Estou contigo, chefe. Vamos embora para a delegacia que eu sou testemunha.' Entramos no camburão e lá fui eu prestar depoimento."

Ao voltar para o Rio de Janeiro, no dia seguinte, de mãos dadas com seu temperamento, como na música de Rufino, além dessa história, Jorge Aragão levava uma decisão na bagagem: não queria aquela vida para ele. "Cheguei à conclusão, mais uma vez, como já tinha acontecido com o Fundo de Quintal, que aquele mundo não era para mim. Eu não curtia aquela badalação e não gostava daquela minha voz gutural nem em gravador. Só me acostumei com ela anos depois."

O fato é que, se por um lado Jorge não queria mais aquilo, por outro os diretores da PolyGram não estavam mais tão interessados no sambista. A única pessoa que brigou até o fim pela continuação da parceria foi o idealista Marco Mazzola. "Gostava, e gosto, muito do samba que ele faz. É diferente, na forma, de todos os outros compositores. Mas, quando o contrato dele acabou, não quiseram renovar. A PolyGram já tinha o Jair Rodrigues. Então, fiquei sozinho na história. Nessa época, quem mandava já era o pessoal do financeiro. Não tive como brigar", lembra o produtor.

CAPÍTULO
12

COISA DE PELE
(1986)

COISA DE PELE (1986)

Gravadora: RGE | **Produtor:** Milton Manhães | **Foto:** Oskar Sjostedt | **Direção de Arte:** Oskar Augusto

1. **COISA DE PELE**
   (Acyr Marques / Jorge Aragão)
2. **RETRATO FALADO**
   (João do Cavaco / Silvinho)
3. **PRA SER MINHA MENINA**
   (Adilson Victor / Jorge Aragão)
4. **AMOR E PAIXÃO**
   (Nelson Rufino)
5. **BAILE NO JARDIM**
   (Monarco)
6. **VOO DE PAZ**
   (Jorge Aragão / Zeca Pagodinho)
7. **MINHA GRATIDÃO**
   (Sombrinha / Adilson Victor)
8. **PONTA DE DOR**
   (Sombrinha / Jorge Aragão)
9. **MAL QUERER**
   (Mauro Diniz / Ratinho)
10. **AMIGOS... AMANTES**
    (Guilherme Nascimento / Roberto Serrão)

Capítulo 12
COISA DE PELE (1986)

Depois da experiência frustrada na Ariola, Jorge Aragão continuou compondo, frequentando as rodas do Cacique de Ramos e morando em Bonsucesso. Ou seja, levava a vida que queria, longe dos compromissos e badalações das gravadoras. Em maio de 1986, nosso personagem estava em Manaus, revendo suas origens e aprendendo sobre suas raízes amazonenses. Tomava banhos de rio no Tarumã, bairro próximo ao aeroporto Eduardo Gomes, ou nas praias da Ponta Negra; batia perna no Mercado Municipal e via as novidades eletrônicas que chegavam na Zona Franca, nas lojas do Centro. Mas seu sossego não duraria muito.

Todo dia, quando chegava no Hotel Regente, onde se hospedava, ele recebia o mesmo recado. Estava escrito num papel de pão: "Ligar para o Milton Manhães." Ele já imaginava o que o amigo estava querendo. E, por isso mesmo, não retornava a ligação.

Como sabemos, Manhães era um especialista em abrir, ou arrombar, portas. Já tinha sido assim com o Fundo de Quintal e, com a porteira aberta na RGE, danou a produzir a sua turma. Bem diferente da estrutura que Rildo Hora tinha na RCA, com

Beth Carvalho, ele se virava em dez para barganhar horas de estúdio, conseguir dinheiro e tempo para seus trabalhos. Era muito comum juntar os músicos e gravar tudo em uma tarde. Nelson Rufino lembra, por exemplo, de ter feito um samba com Jorge Aragão, no próprio estúdio, para um disco de Ircéa, irmã de Zeca Pagodinho.

"Nunca gostei desse negócio de fazer samba com o papel apoiado no joelho, de qualquer maneira. Esse samba é o único arrependimento da minha vida de compositor", diz Rufino.

A música em questão, realmente muito aquém da obra dos sambistas, é "Samba fera":

Pra ser sincera, eu queria um samba fera
Daquele que faz o pagode ferver

O samba está no disco de Ircéa, de 1987, *Feito Diadema*. Jorge não lembrava dessa música que, por sinal, está assinada apenas por ele.

Manhães já tinha produzido os primeiros discos de Almir Guineto nas gravadoras K-Tel, *O Suburbano*, e Copacabana, *A Chave do Perdão*, e feito muito sucesso com *Sorriso Novo*, já na RGE. Ele estava no quinto disco com o Fundo de Quintal, *Divina Luz*, e havia dado uma tacada de mestre ao convencer os diretores da RGE a investir, mesmo que pouca grana, no projeto *Raça Brasileira*. O disco era o chamado pau-de-sebo. Explico: cinco artistas eram escolhidos para gravar, duas faixas cada, e, tal qual a brincadeira das festas juninas, se algum deles chegasse ao topo, já estava de bom tamanho.

No time escolhido por Manhães estavam Zeca Pagodinho, Jovelina Pérola Negra, Elaine Machado, Pedrinho da Flor e Mauro Diniz. Haja sebo para tanta gente boa.

O produtor conseguiu um estúdio emprestado por algumas madrugadas e as gravações eram feitas a toque de caixa.

"A gente improvisava mesmo. Muita coisa saiu ali, na hora", lembra Zeca Pagodinho, autor de seis faixas do LP e que, no ano seguinte, lançaria seu primeiro disco solo, *Zeca Pagodinho*, e ganharia as rádios do país inteiro, emplacando todas as 12 faixas nas programações.

O disco foi um sucesso, mas não graças à dedicação da gravadora, que não acreditava muito naquela maluquice. O mérito é mesmo de Manhães, que já tinha na manga uma rede de amigos em rádios, principalmente no eixo Rio-São Paulo.

Foram mais de cem mil cópias vendidas, números expressivos para um trabalho feito informalmente. O samba "Garrafeiro", por exemplo, foi composto no estúdio, por Mauro Diniz e Zeca Pagodinho, para zombar do técnico de som, Garrafa. Acabou encorpando o repertório, que tinha algumas pérolas como "Feirinha da Pavuna", de Jovelina Pérola Negra; "Bagaço da laranja", de Arlindo Cruz e Zeca Pagodinho; "A vaca", outra de Zeca, dessa vez com Ratinho, apelido do português Alcino Correia; além da faixa-título, "Raça brasileira", de Elaine Machado, Mathias de Freitas e Zé do Cavaco.

Ou seja, depois do sucesso do seu pau-de-sebo e em vias de gravar o primeiro disco de Zeca, Manhães estava com bastante moral com a RGE. Então, por que não tentar retomar, ou começar em outros moldes, a carreira do amigo das batucadas do Cacique de Ramos?

Jorge demorou tanto para retornar as ligações que Manhães, bem ao seu estilo, resolveu tudo por ele. Inclusive assinou um contrato em nome do sambista. "O maluco me ligou dizendo que os diretores da RGE estavam pressionando para que eu gravasse logo o disco. Contou-me que havia falado que eu não queria gravar, mas não houve jeito. Então ele já tinha até inventado uma assinatura minha. Era uma sexta-feira e eu tinha que estar no estúdio na segunda de manhã", lembra Jorge. "Voltei para o Rio para livrar a pele do Manhães."

Jorge Aragão e Marquinho Satã, em show em 1986. (Foto: Armando Gonçalves)

A história contada por Manhães não era bem a verdade. Os diretores achavam que já estava de bom tamanho a quantidade de sambistas do *cast*. "Eles diziam que já tinha sambista demais na RGE", lembra Manhães.

Apoiado no sucesso do *Raça Brasileira*, o produtor começou a pressionar a RGE para gravar os discos de cada um daqueles compositores do pau-de-sebo. E conseguiu. Mas faltava Jorge Aragão e o argumento dele foi o mesmo: "Eu dizia para eles que outras gravadoras estavam assediando os nossos sambistas, essas coisas. Quando eles toparam gravar o Jorge, eu não podia dar mole e perder aquela chance. Então inventei mesmo a tal assinatura e corri atrás dele. Com o Jorge tinha que ser assim, no tranco, ele não dava importância mesmo para essa coisa de gravadora."

Se no princípio o artista estava reticente, com o tempo foi se apegando mesmo à ideia de gravar um disco com Manhães, afinal, ele era daquela turma, entendia suas necessidade e a sua musicalidade.

"O Jorginho havia desistido dessa história de disco porque fizeram tudo errado na Ariola. Não cabia, em um momento de afirmação daquele tipo de samba, gravar com bateria. Até hoje, não sei por que inventaram que ele deveria cantar forró, frevo...", reclama Manhães.

Quando Jorge Aragão desembarcou no Aeroporto Internacional do Galeão, que depois ganharia o nome do músico Antônio Carlos Jobim, ele e seu produtor já tinham o disco na cabeça. Ao entrar no estúdio, no entanto, um velho fantasma assombrava o sambista: "Sou da época dos cantores mesmo, não dos compositores que cantam. Não me sinto, até hoje, um cantor. Então eu não entendia direito aquela coisa de estúdio. Queriam que eu cantasse em um tom mais alto mas, aos poucos, fui descobrindo que comigo era ao contrário, quanto mais eu descesse o tom, mais eu ficava à vontade. Não sou cantor, então a música para mim tem que ser como se eu estivesse falando, conversando. O produtor que se virasse depois para achar os esses e erres", contou Jorge Aragão em seu testemunho na série *Depoimentos Para a Posteridade*, no Museu da Imagem e do Som, no dia 27 de novembro de 2013.

Manhães se virou bem. Melhor até do que o seu artista poderia esperar, afinal, já no primeiro dia de gravação, o cantor que não se achava cantor apareceu gripado no estúdio.

A primeira faixa, "Coisa de pele", que também dá nome ao disco, já nasceu como um hino e como uma carta de intenções

Jorge Aragão e Zeca Pagodinho, nos anos 1980.

de Manhães e Aragão. Mais que isso, o samba era um recado para quem ainda quisesse diminuir aquela turma, de uma forma particular, e o gênero, matriz da música brasileira, de uma maneira geral. A parceria do sambista com Acyr Marques, irmão de Arlindo Cruz, é, até hoje, um dos sambas mais cantados em qualquer roda de samba Brasil afora.

> *Podemos sorrir, nada mais nos impede*
> *Não dá pra fugir dessa coisa de pele*
> *Sentida por nós, desatando os nós*
> *Sabemos agora, nem tudo que é bom vem de fora*
> *É a nossa canção pelas ruas e bares*
> *Nos traz a razão relembrando palmares*
> *Foi bom insistir, compor e ouvir*
> *Resiste quem pode à força dos nossos pagodes*
> *(...)*
> *Arte popular do nosso chão*
> *É o povo quem produz o show e assina a direção*

A única lembrança que Jorge Aragão tem da feitura desse disco é mesmo a de estar gripado no dia da gravação e, mesmo assim, ter sido obrigado por Manhães a botar a voz, por total falta de tempo e dinheiro. "Até hoje me cobro, porque eu estava altamente resfriado, com o nariz entupido e tinha que cantar para entregar logo o material. Qualquer um que parar para ouvir, sabendo desse detalhe, vai ver que realmente eu estou anasalado."

É importante lembrar que, desde o momento em que decidiu gravar os compositores caciqueanos, Beth Carvalho batia na tecla de que pagode não era um gênero musical e sim a festa, o encontro onde se bebia, comia e cantava samba. Exatamente o que ela encontrou no Cacique.

Mas a imprensa de uma maneira geral, e preconceituosa, fazia questão de rotular aquele novo tipo de samba. E as gravadoras, por sua vez, não tardaram a criar seus próprios "produtos", a pasteurizar, de forma medíocre, o que, na realidade, era de uma legitimidade sem fim. Mas essas manobras profiláticas – afinal, a quem interessava aquela turma que tinha conteúdo, personalidade e musicalidade? –, que tanto mal fariam a Jorge e sua turma, não impediriam que todos se reerguessem mais adiante.

Portanto, "Coisa de pele", já era, em 1986, uma resposta a esse estado de coisas. Era o sambista lembrando que jamais se curvou ao desprezo, ao preconceito ou ao colonialismo perverso. Na contramão do compositor, que se achava, e ainda se acha, um cantor mediano, Milton Manhães acreditava naquela voz suave e grave que se tornaria uma referência dentro do samba. Tanto que ele assina apenas mais três músicas no LP: o partido-alto "Para ser minha menina", com Adilson Victor; a romântica "Ponta de dor", com Sombrinha; e "Voo de paz", com Zeca Pagodinho, uma beleza de samba, dessa rara parceria:

Há qualquer coisa entre nós
Que nos priva de ser feliz
Existe um mal não sei qual ninguém diz
Tá no ar, dá pra ver
Há qualquer coisa de errado
Entre eu e você

"Fizemos poucas músicas juntos. No início eu não tinha nem coragem de chegar perto do Jorge, por respeito. Depois, por preguiça minha e falta de tempo dos dois", explica Zeca.

Outro samba fez um certo sucesso na época do lançamento: "Retrato falado", de João do Cavaco e Silvinho:

Como um vento ou um temporal que tudo desfez
Vi meu mundo se desabar de uma vez

Vi estrelas entrar no mar, imenso sol derreter
Uma chama se apagar e ninguém perceber

Se Jorge Aragão virou figura certa, durante muito tempo, nos discos de Beth Carvalho, Nelson Rufino marcou presença na fase inicial da discografia do nosso personagem. Em *Coisa de Pele* ele emplacou "Amor e paixão". De Monarco, Jorge gravou "Baile no jardim", uma poesia em forma de samba, bem no estilo do mestre portelense. Já o filho de Monarco, Mauro Diniz, assina, com Ratinho, "Mal querer".

"Minha gratidão", uma das faixas mais bonitas desse disco pela linha melódica e poesia, bem poderia ser assinada por Jorge, mas é de dois de seus parceiros, Sombrinha e Adilson Victor. "Amigos... amantes", de Guilherme Nascimento e Roberto Serrão, fecha de forma brilhante o LP. Manhães tinha razão em apostar no amigo.

CAPÍTULO
13

RAIZ E FLOR
(1988)

RAIZ E FLOR (1988)

Gravadora: RGE | **Produtor:** Milton Manhães

1. **DE JORGE ARAGÃO PARA ARLINDO CRUZ**
   (Arlindo Cruz / Jorge Aragão)
2. **ONTEM**
   (Jorge Aragão)
3. **FEITO DE PAIXÃO**
   (Paulinho de Carvalho / Paulo Onça)
4. **ALÉM DA RAZÃO**
   (Sombra / Sombrinha / Luiz Carlos da Vila)
5. **PELO FIM**
   (Jotabê)
6. **RAIZ E FLOR**
   (Sombrinha / Jorge Aragão)
7. **BRILHA PRA MIM**
   (Efson / Odibar)
8. **MINHA ORELHA**
   (Alcides Dias Lopes)

   QUANTO MAIS EU REZO
   (Francisco Felisberto Santana)

   EU VOU EMBORA
   (Alcides Dias Lopes / Francisco Felisberto Santana)
9. **TERCEIRA PESSOA**
   (Jorge Aragão / Franco)
10. **ÁGUAS DO SENHOR**
    (Adilson Victor / Mauro Diniz)

Capítulo 13
RAIZ E FLOR (1988)

Alexandre Silva de Assis trabalhava em um supermercado, em 1986, e estudava na Escola Municipal Roberto Magno de Carvalho, em Pilares. O jovem, então com 16 anos, ainda não tinha muita certeza do que faria da vida. Minto, ele tinha uma pequena certeza: a de que era um artista.

Descendente de uma família de músicos do interior do Rio de Janeiro, desde pequenino frequentava as serestas no quintal de uns tios, no Morro do Turano, na Tijuca, próximo às ruas Aguiar, Jacumã e Barão de Itapagipe. Lá, além de rolar com outras crianças nas brincadeiras tradicionais, quando ficou mais crescido ganhou alguns LPs de presente. Coisas da Jovem Guarda, de Roberto Carlos a Wandeley Cardoso. De repente, vendo o interesse do menino Xande pela música, o pai deu a ele alguns discos de samba. E que discos! *Tendinha*, de Martinho da Vila, de 1978, só de partidos-altos, com participações de Neoci e Almir Guineto; *Eu e Meu Pandeiro*, de Jorginho do Império, de 1976; e *Roberto Ribeiro*, também de 1978, que lançou "Todo menino é um rei", de Zé Luiz e Nelson Rufino.

Xande, que ainda não tinha incorporado o bairro da Zona Norte Carioca ao seu apelido de infância, sem muitas opções na vida, dançava conforme a música da época: com alguns amigos criou uma espécie de Jackson 5 suburbano, encarnando o ídolo pop Michael Jackson, para arrumar uns trocados e ajudar em casa.

Certo dia, sintonizado em uma estação qualquer de rádio AM – nessa época as FMs ignoravam o gênero – ele escuta um samba diferente daqueles que aprendera nos discos que ganhara: "Podemos sorrir, nada mais nos impede...". E guardou o nome do cantor: Jorge Aragão.

Tempos depois, voltando de um jogo de futebol de salão, no Condomínio Brasil Novo, caminhando pelo Viaduto Cristóvão Colombo, que fica em cima da quadra da escola de samba Caprichosos de Pilares, ele ouviu uma música que marcaria para sempre a sua vida: "Voo de paz", do mesmo Jorge Aragão e Zeca Pagodinho. "Quando eu ouvi aquilo: 'Pode ser que o amor não se sinta à vontade...', eu pirei. Sabe o que é uma música invadir a sua mente, a sua alma, tomar conta do seu corpo? Eu pensei: 'Nossa, que melodia é essa?' Mas eu não sabia de quem era aquilo", conta Xande de Pilares.

Passado algum tempo, ele foi almoçar na casa de um amigo de escola, Sérgio, filho do violonista da Velha Guarda da Portela, Guaracy. A certa altura, o colega bota um disco na vitrola e Xande reconhece o samba "Coisa de pele". Mas quando chegou na segunda parte de "Voo de paz" ele deu um pulo da cadeira e deixou a comida de lado para ver aquele LP. "É aquele que tem o Aragão na capa com o cabelo *black* e uma camisa amarela por baixo do casaco", lembra. "O disco tinha um monte de músicas que tocavam na AM como 'Pra ser minha menina' e 'Ponta de dor'. Nesse dia eu juntei todas as partes do meu quebra-cabeça musical. E tudo era Jorge Aragão."

O futuro sambista pegou o disco emprestado, com o pretexto de gravá-lo em uma fita K7, e o pobre Sérgio nunca mais viu a capa descrita pelo amigo: "Peguei e não devolvi mesmo, queria decorar aquilo tudo. Então, pouco depois, ele lançou o disco *Raiz e Flor*, que era o nome de um samba do Aragão e do Sombrinha, já gravado pelo Roberto Ribeiro. Nesse disco, eu me encantei com um samba do Luiz Carlos da Vila (parceria com Sombra e Sombrinha), 'Além da razão'. Mas o disco é todo bom."

Xande de Pilares é capaz de descrever a capa e dizer a ordem de discos inteiros de Jorge Aragão em sua fase na RGE. Mais que isso, quando iniciou sua carreira de cantor, dando canja nos pagodes da cidade, bem antes de se incorporar ao Grupo Revelação, em 1991, ele era conhecido como "o cara que só cantava Jorge Aragão". Sobre o inusitado apelido, ele diz: "Era isso mesmo, eu sabia tudo, devorava os discos como *A Seu Favor*, que tinha 'Papel de pão', do Cristiano Fagundes, tio de um amigo meu. No outro, *Chorando Estrelas*, ele lançou 'Alvará' e 'Amigo'."

Xande, nessa época, morava na Favela do Rato Molhado, hoje rebatizada de Águia de Ouro, atrás do Cemitério de Inhaúma. Lá conheceu um pouco da obra de Zeca Pagodinho, que vivia na área, já que a família de Mônica, futura mulher de Pagodinho, morava toda ali. Já Almir Guineto ele conhecia dos tempos em que morou no Morro da Chacrinha, vizinho ao Salgueiro, reduto de Guineto. Mas o seu ídolo era mesmo o Jorge Aragão dos sambas românticos, das melodias rebuscadas, das letras repletas de poesia. "Quando cheguei no Cacique só se falava do Zeca, que tinha acabado de aparecer no *Fantástico*, naquele clipe de 'Camarão que dorme a onda leva', com a Beth. Mas minha referência já era o Aragão. Foi a música dele que bateu forte, que me fez acreditar que era aquilo que eu queria."

Mais tarde, já no Revelação, Xande e Mauro Jr., fundador do grupo, viraram parceiros de Jorge em "E a vida mudou", gravado pelo sambista no disco *E Aí?*, de 2006, na Indie Records.

"Nós abríamos os shows que ele fazia com convidados, na casa de shows Olimpo, na Vila da Penha. Um dia, ele chegou com a primeira parte desse samba para terminarmos. Isso,

para mim, foi a realização de um sonho e uma atitude de generosidade sem fim", lembra-se Xande.

> *Quando você quiser*
> *Fidelidade eu dou*
> *Não quero ter amor*
> *De outra mulher*
> *Fingindo solidão*
> *Comprava o meu prazer*
> *Foi só te conhecer, (pois) é...*
> *Minha vida mudou*

Xande hoje se emociona ao falar do parceiro e amigo, diz que os primeiros discos do artista foram a sua escola, com os quais aprendeu o que queria fazer dentro do samba, mas que Jorge foi e é seu professor em outras matérias também:

"Penso que ele é um mestre que deve ser observado com muito carinho. Ele mostra em atitude que o samba não é só para ser executado como uma música qualquer. Você tem que saber por que está cantando aquilo, saber da responsabilidade com a história de quem veio antes, para depois poder passar adiante esse conhecimento. Olho para ele e vejo que o samba é como uma religião."

Quando *Raiz e Flor* foi lançado, no segundo semestre de 1988, dedicado à mãe, Dona Nair Aragão da Cruz, e à memória do pai, Dorval, Jorge Aragão começou, mesmo que de forma semiprofissional, a ter uma carreira de artista mais consistente:

"Antes da RGE não tenho lembrança de shows de lançamento, matérias de jornal, até porque eu fugia disso. Acho que, em algum momento dessa fase, caiu a ficha de que eu precisava ganhar a estrada. Então comecei realmente a dar as caras por aí, não apenas nos meus próprios shows, que eram poucos, mas no que a gente chama de pega-ratão, que são esses pago-

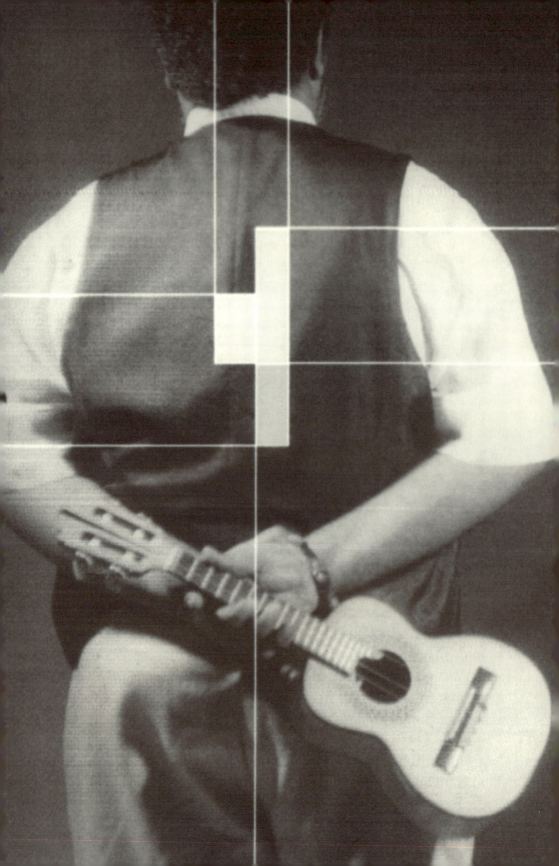

des onde a gente dá uma canja e sai com um qualquer para a feira", lembra o sambista.

Raiz e Flor tem arranjos precisos do maestro Ivan Paulo, que, contrariando a lógica de Milton Manhães, misturou os cavaquinhos de Mauro Diniz e Carlinhos, o banjo de Arlindo Cruz e as percussões da turma do samba com o bandolim sofisticado de Pedro Amorim, o piano de Fernando Merlino e a flauta de Franklin.

É curioso ouvir os discos dessa época e imaginar que foram feitos com baixíssimo orçamento, em poucas horas de estúdio, no improviso, com uma tecnologia parca e um cantor que não queria ser cantor. E mais, perceber que ainda havia muita resistência da pequena parte da imprensa que se dignava a registrar o artista e ao seu tipo de samba. As coisas não andavam tão bem para o lado do nosso malandro.

Uma pequena crítica, sem assinatura, foi tudo o que *Raiz e Flor* recebeu nas páginas do *Jornal do Brasil* quando foi lançado: "Jorge Aragão investe na confusão amorosa que anda caracterizando os sambistas, com versos que cantam a 'fêmea passional', falam de 'dor de cristal' e estendem 'ponte para longe do horizonte'. Tudo isso, vestido por uma voz de limites precisos, deixa o disco mais para raiz do que pra flor."

Confesso que não entendi o que o, ou a, colega quis dizer. Não sei se gostou ou não. Primeiro porque música que trata de "confusão amorosa" não é privilégio de sambista, mas de noventa por cento dos compositores de qualquer estilo. Depois, frases soltas são usadas fora de contexto, como coisas banais. E, por fim, o segundo LP de Jorge Aragão pela RGE é um luxo, tem raiz e flor para todos os gostos.

Talvez antevendo esse tipo de comentário, a primeira faixa do disco é um lindo samba de Jorge e Arlindo Cruz, com melodia que poderia ser assinada por qualquer sambista tradicional. "De Jorge Aragão para Arlindo Cruz" é uma música (por que não?) de amor, e lembra a temática de "Enredo do meu samba", misturando as "confusões amorosas" e o carnaval. Os dois cantam juntos pela primeira vez:

> *A vida é uma escola de samba*
> *Onde o coração faz a cadência*
> *Se a emoção vai bem e a evolução também*
> *O desfile é nota 100 sem reclamações*
> *Mas se a porta-bandeira não dança com gosto*
> *Se o mestre-sala vai pro lado oposto*
> *se depois da corda não vem a caçamba,*
> *não existe enredo pra fazer um samba de amor*
> *Se a parceria um dia descamba*
> *Não existe jeito pra fazer um samba de amor*

A segunda faixa, "Ontem", é outra beleza de samba de Jorge Aragão:

> *Ontem, revirando uma gaveta, de repente*
> *Dei de cara com a saudade em minha frente*
> *Era uma fotografia*
> *De perfil, você me olhava*
> *Parecia já que adivinhava*
> *Que não mais daria certo o nosso amor*

O sambista assinaria apenas mais um samba, "Terceira pessoa", parceria com Franco. Duas músicas românticas fizeram certo sucesso nas rádios, na época: "Feitio de paixão", de Paulinho Carvalho e Paulo Onça, e "Brilha pra mim", de Efson e Odibar. O disco traz ainda um *pot-pourri* de dois autores da Velha Guarda da Portela: Chico Santana e Alcides Lopes, o Alcides Malandro Histórico, com a participação de Sombrinha. Compositores de poucos sambas gravados, eles têm, nesse LP, um raro e fundamental registro de "Minha orelha", de Alcides;

"Quanto mais eu rezo", de Chico Santana; e "Eu vou embora", da dupla. Zeca Pagodinho também se encarregaria de gravar em seus discos algumas coisas de Alcides como "Dona do meu coração", "Já sei de tudo, mulher" e "Vivo muito bem".

O grande samba do disco, no entanto, é mesmo "Além da razão", que encantou Xande de Pilares e, de onde o crítico ou crítica musical pinçou, de forma desinteressada, a tal "ponte para longe do horizonte". A parceria de Luiz Carlos da Vila, Sombra e Sombrinha, gravada no mesmo ano de 1988 por Beth Carvalho, não pode estar fora de nenhuma antologia que reúna os grandes clássicos do gênero:

> *Por te amar, eu pintei*
> *Um azul do céu se admirar*
> *Até o mar adocei*
> *E, das pedras, leite eu fiz brotar*
> *De um vulgar, fiz um rei*
> *E do nada, um império pra te dar*
> *E, a cantar, eu direi*
> *O que eu acho então o que é amar*
> *É uma ponte*
> *Lá para o longe do horizonte*
> *Jardim sem espinho*
> *Pinho que vai bem*
> *Em qualquer canção*
> *Roupa de vestir*
> *Em qualquer estação*
>
> *É uma dança, paz de criança*
> *Que só se alcança*
> *Se houver carinho*
> *É estar além*
> *Da simples razão*
> *Basta não mentir pro seu coração*

CAPÍTULO
14

A SEU FAVOR
(1990)

A SEU FAVOR (1990)

Gravadora: RGE | **Produtor:** Milton Manhães | **Capa:** Joel Cocchiararo | **Fotos:** Alexandre Souza Lima

1. **PAPEL DE PÃO**
   (Cristiano Fagundes)
2. **MINTA MEU SONHO**
   (Jorge Aragão)
3. **TEM QUE TOCAR**
   (Arlindo Cruz / Marquinho PQD / Franco)
4. **DEIXA ESTAR**
   (Cleber Augusto)
5. **REFLEXÃO**
   (Jorge Aragão / Luiz Carlos da Vila)
6. **VIAGEM**
   (Taiguara)
7. **PERSONAGEM**
   (Altay Veloso)
8. **MISSÃO DE MIM**
   (Jorge Aragão / Zeca Pagodinho)
9. **A SEU FAVOR**
   (Jorge Aragão)
10. **VOCÊ SABE BEM**
    (Jorge Aragão)

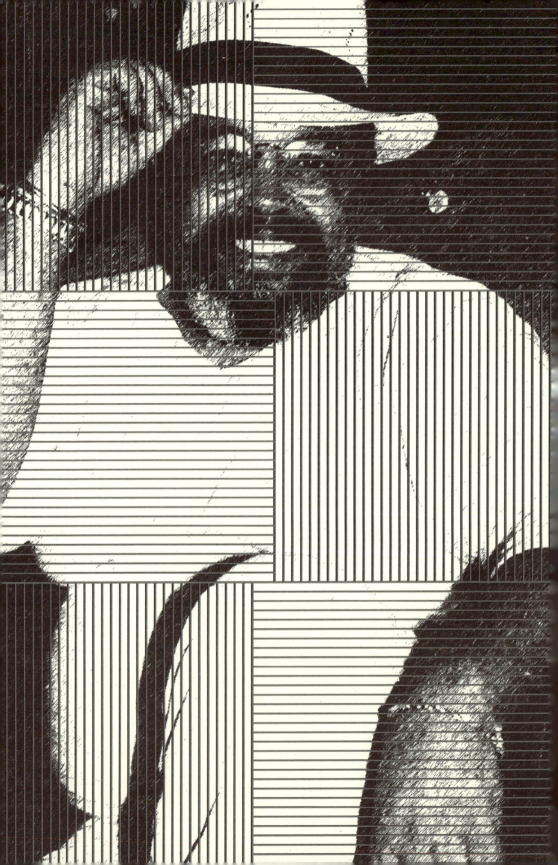

Capítulo 14
A SEU FAVOR (1990)

Jorge Aragão costuma dizer que só começou a ganhar dinheiro para ter uma vida melhor quando foi para a Indie Records, em 1997. Mas no início da década de 1990, apesar de ainda ter que se virar nos shows "pega-ratões" da vida e bater perna para pagar um mercado na segunda-feira, ele já não era aquele violonista e cantor tímido que apareceu, pelas mãos de Neoci, no Cacique de Ramos. De alguma forma, sua vida estava mais estruturada, mesmo morando ainda em Bonsucesso. Nessa época, já estava casado há anos com sua segunda mulher, Fátima, de quem falaremos mais adiante. Apesar de ainda estar longe de ter a popularidade que alcançaria uma década depois, já era bastante conhecido no Rio de Janeiro e em São Paulo e começava a marcar território nas grandes praças do país.

A própria postura do artista mudou bastante, ficou mais leve, se permitindo, inclusive, falar em entrevistas sobre temas como o machismo no samba, o sucesso e o romantismo. Foi assim num bom perfil traçado pela jornalista Salete Lisboa, no jornal *O Dia*, na quarta-feira, dia 27 de setembro de 1989. Aproveitando o mote do show *Agora É pra Valer*, que Aragão faria no Teatro Suam, em Bonsucesso, ela instigou o sambista

Jorge Aragão e a parceira Dona Ivone Lara, no início dos anos 1990. (Foto: Jorge L. Antunes)

a falar sobre seu momento, após mais de dez anos de carreira. "Meu objetivo nunca foi ganhar muito dinheiro, e sim passar a emoção e a certeza daquilo que gosto de fazer", já dizia Jorge naquele momento.

A jornalista ressaltava a mudança na vida do artista que preferia ficar apenas compondo, mas que era convocado por seu público a subir no palco. "Atualmente, ele faz shows quase todos os dias, nas mais diferentes cidades do Brasil", afirmava o texto.

Já naquela época, fechar um espaço grande para shows era temeroso. Uma resposta do sambista mostra que essa era a fase real de transição entre o amadorismo e uma carreira mais sólida profissionalmente: "Quando decidi dar esse título ao show, lembrei-me das inúmeras vezes em que deixei de fazer espetáculos pensando que não teria público para sustentar a bilheteria. Dessa vez, sinto que a espera foi proveitosa e chegou a hora de me apresentar num teatro."

Talvez instigado por Salete, Jorge diz, em determinado trecho, que havia muito machismo no meio do samba. Porém, lembrava que era uma coisa cultural, das primeiras décadas do século XX, que se perpetuava quase como uma piada obrigatória.

"Antes era comum alguns sambas apresentarem todo o machismo do homem. Se a mulher aparecia, era sempre numa mensagem de que, separada de seu homem, iria se dar mal, rolando de mão em mão. Procuro dar às minhas músicas outra conotação. Mostro minha compreensão e o direito que as pessoas têm de serem felizes."

Curiosamente, ele, que nunca foi um artista engajado politicamente – apesar de abordar em suas músicas questões sociais e o preconceito racial –, situa de forma oportuna o momento da explosão do que se denominou, erroneamente, pagode, em meados dos anos 1980. Para Jorge, os novos ares trazidos pela reabertura política, após 20 anos de ditadura militar, favoreceram o tipo de ruptura musical e a temática livre propostos pelos sambistas. "Era um momento de muita alegria e esperança", diz.

O quinhão mais romântico do Cacique de Ramos não poderia deixar de defender a música que fazia, o repertório que, ao contrário do da maioria dos seus amigos das rodas de samba, pendia sempre mais para o lado do amor, apesar de sua versatilidade. E ressalta que todos, sem exceção, deviam parte da popularidade a esse tipo de levada mais lenta e delicada:

"Foi assim com Zeca Pagodinho, Almir Guineto, Neguinho da Beija-Flor... A composição lenta sustentava o disco. Lembro-me bem do caso do Almir Guineto. Mesmo com o sucesso da

'Dança do caxambu', não havia quem deixasse de cantarolar 'Baixo astral'."

Na realidade, a música "Baixo astral" citada à época por Jorge Aragão, chama-se "Conselho", de Adilson Bispo e Zé Roberto, sucesso de Almir gravado no disco *Almir Guineto*, de 1986. Um clássico:

> *Deixe de lado esse baixo astral*
> *Erga a cabeça, enfrente o mal*
> *Que agindo assim será vital*
> *Para o seu coração*
> *É que em cada experiência se aprende uma lição*
> *Eu já sofri por amar assim*
> *Me dediquei mas foi tudo em vão*

No pé da entrevista, deixando a sua sincera modéstia de lado, ele diz que a vida mudou para melhor, e acaba mostrando, nas entrelinhas, que mesmo com o sucesso de "Malandro", "Logo agora", "Vou festejar" e "Coisinha do pai", nas grandes vozes da música brasileira, o dinheiro sempre chegou mais pelo seu suor que pelos direitos autorais: "Depois de tantos anos de profissão posso garantir que ganhei, em seis meses, o que não recebi em 12 anos", completou.

Apesar de ter sido marcante, por ser uma das primeiras apresentações individuais feitas por ele em um grande espaço, o show no Teatro Suam não foi o único daquela virada dos anos 1980 para 1990. Jorge já se apresentava em lugares como: o Teatro Imperial, na Praia de Botafogo, onde dividiu o palco com Luiz Carlos da Vila, Wilson Moreira, Dalmo Castelo e Cláudio Jorge; o Barbas, tradicional reduto da turma da esquerda, comandado por Nelsinho Rodrigues, na Rua Alvaro Ramos, 408, em Botafogo; e no Aconchego, na Rua Conde de Bonfim, 967, na Tijuca.

"Fiz tanto show pequeno nessa época que até confundo os lugares. Mas fui muito ao Clube do Samba, da turma do João Nogueira, e fiz uma série de shows com Dona Ivone Lara. Lembro-me de um show no Barbas que o Mussum surgiu de trás do palco tocando reco-reco. Do nada, apareceu um monte de crianças. Ele tinha essa empatia impressionante com a molecada. E me aprontava sempre essas surpresas", lembra Jorge.

Ubirany conta que esse período foi bom para todos os sambistas e que isso gerou uma onda de novos grupos que se apresentavam como sendo de "pagode": "A imprensa inventou essa denominação e começou um monte de amador a adotar a alcunha de pagodeiro. Mais que isso, a gente abria o jornal e tinha vários tijolinhos, aquelas notinhas de programação, anunciando: 'Hoje, samba fundo de quintal, no Méier.' Imagina quantas vezes tivemos que procurar os promotores que estavam usando esse nome. Ou seja, já queriam criar o gênero Fundo de Quintal."

Assim como Beth Carvalho, Jorge também notou a transformação que ocorrera a partir da chegada do Fundo de Quintal. "Eu andava muito ali pelo Centro da cidade. Ficava admirado de ver tantos nichos de pessoas tocando aqueles instrumentos que apresentamos. O Rio, nessa época, virou uma festa. O que nós fizemos foi misturar o samba de quadra com um excelente time de partideiros, com uma maneira atual de falar as coisas. Enfim, aquele mundo que eu conheci por acaso e se formou no Cacique", disse Jorge no depoimento dado ao Museu da Imagem e do Som.

O certo é que, individualmente, sua carreira mantinha um padrão de qualidade imposto pelo produtor Milton Manhães, sempre em parceria com o maestro Ivan Paulo, o responsável pela sonoridade elegante, rebuscada dessa fase inicial da discografia do cantor. *A Seu Favor*, o terceiro álbum na RGE, começa com dois sambas da melhor qualidade, que se tornariam ainda mais conhecidos nos registros ao vivo, na Indie Records, com o acréscimo da imagem do cantor nos DVDs.

"Papel de pão", de Cristiano Fagundes, é um dos grandes trunfos de sua carreira até hoje, entoada em praças e casas noturnas há décadas. Uma pérola popular, de linguagem direta e melodia rebuscada. Não foi feita por ele, mas é uma música feita à moda de Jorge Aragão:

> *Eu nem sei dizer o que senti*
> *Quando eu acordei e não lhe vi*
> *Confesso que chorei*
> *Não suportei a dor*
> *É doloroso se perder um grande amor*
> *Mais alucinado eu fiquei*
> *Quando li o bilhete que encontrei*
> *Estava escrito num papel de pão*
> *Foi o que arrasou meu coração*
> *Ainda me lembro bem, estava escrito assim:*
> *Não me procure nosso amor chegou ao fim*

Já "Minta meu sonho" é mesmo de Jorge, letra e melodia. Uma música sobre saber perdoar e ser perdoado:

> *Hoje sinto a mesma dor*
> *Talvez menos que você*
> *E não ter com quem conversar*
> *É como a saudade quer me ver*
>
> *Diz pra eu não te procurar*
> *Mas aqui estou*
> *Pedindo amor*
> *Pedindo pra ficar*

*E depois do que eu disser
Me perdoa se quiser, mas...
Não magoa agora não
Por enquanto empresta teu perdão*

Jorge assina ainda a música-título "A seu favor", "Você sabe bem", e parcerias belíssimas com Zeca Pagodinho, "Missão de mim", e Luiz Carlos da Vila, "Reflexão".
Do repertório do primeiro disco de Benito di Paula, de 1971, ele pesca "Viagem", de Taiguara. E ainda grava três inéditas: "Personagem", de Altay Veloso, "Deixa estar", do parceiro Cleber Augusto, e o samba de roda "Tem que tocar", de Franco, Arlindo Cruz e Marquinho PQD. O trio, por sinal, manda um recado em versos, pela voz de Jorge, para as rádios FM. A partir dos anos 90, com a derrocada da inovadora Rádio Tropical, de Armando Campos, sobre a qual ainda falaremos, mais uma vez as rádios ignoravam Jorge, Zeca Pagodinho, Fundo de Quintal e outros:

*Você que leva esse leme faz na 'FM' o samba rodar
Quem não se toca, não toca, mas tem que tocar
Xote, Xaxado ou partido não fique inibido
o Brasil quer cantar
Quem não se toca, não toca, mas tem que cantar
Chega de som importado, já tô saturado
de ter que aturar
Quem não se toca, não toca, mas tem que tocar
Vê se não quebra esse elo tão verde e amarelo
pra coisa mudar
Quem não se toca, não toca, mas tem que tocar*

CAPÍTULO
15

CHORANDO ESTRELAS (1992)

CHORANDO ESTRELAS (1992)

Gravadora: RGE | **Produtor:** Milton Manhães | **Projeto Gráfico:** Vasco Borges | **Fotos:** Alexandre Souza Lima

1. **A TERCEIRA VEZ**
   (Cristiano Fagundes / Julimar dos Santos)
2. **CHORANDO ESTRELAS**
   (Jorge Aragão)
3. **AMIGO**
   (Jorge Aragão)
4. **CACHÊ E COUVERT**
   (Jorge Aragão)
5. **NUNCA MAIS**
   (Jorge Aragão)
6. **ALVARÁ**
   (Jorge Aragão)
7. **CORPO E CORAÇÃO**
   (Jorge Aragão)
8. **FOGO E MÁGOA**
   (Cláudio Jorge)
9. **PRIMEIRA LUZ**
   (Jorge Aragão)
10. **IDENTIDADE**
    (Jorge Aragão)

Jorge e Fátima Santos, nos anos 1990.

Capítulo 15
CHORANDO ESTRELAS (1992)

A jovem Fátima Santos atravessava uma fase difícil: tinha acabado de terminar um relacionamento e, desempregada, viu, em um anúncio de jornal, uma oportunidade de trabalhar como secretária. O endereço era Avenida Rio Branco, 277, Centro do Rio de Janeiro. Menina esperta, nascida em Parada de Lucas, logo percebeu que estavam querendo aplicar um golpe nela e na prima que a acompanhava na empreitada. O emprego era para vender livros de porta em porta, durante um período de experiência, sem compromisso de salário. Enfim, uma história muito mal contada.

Acontece que no mesmo edifício funcionava o escritório da editora Warner Chapell. E o destino, sempre ele, fez com que naquele mesmo dia, no mesmo prédio, no mesmo elevador, depois da decepção laboral, ela encontrasse três malandros muito bem apessoados. Um mais cheinho, um baixinho e um galalau de dois metros de altura. Mais precisamente, Jorge Aragão, Dida e Neoci, o trio de "Vou festejar".

Neoci, sempre muito alegre e falante, discorria sobre alguns problemas que eles tinham ido resolver por lá, algo ligado à edição de uma música. Jorge e Fátima trocaram um olhar rápido. E só.

Já na rua, a prima se mostrou interessada em Jorge. Quando Fátima olhou pra trás, viu aquele trio, no mínimo curioso, se aproximando. Não pensou duas vezes: entrou no buraco, que viria a ser a futura Estação Cinelândia, do Metrô, onde estava exposta uma maquete.

"Eu não queria saber de ninguém. Estava separada, dura pra caramba, desempregada", conta Fátima, que, antes de Jorge Aragão, foi casada com o historiador, professor e escritor Joel Rufino dos Santos.

Quando viu que aquele "mulato com a cara de bolacha e cheio de cabelo na cara" desceu atrás, Fátima deu meia volta e subiu como quem diz: "Me deixa em paz!". Jorge insistiu: "Eu te conheço, não sei de onde." A resposta foi na lata: "A mim você não conhece mesmo."

Cantando com Sandra de Sá. (Foto: Marcelo Reys)

"Ele insistiu. Eu não sabia, mas minha prima estava dando corda. Então ele convidou a gente para beber uma água de coco ali perto, na Rua Santa Luzia. Eu fiquei olhando para aquele tipo, com um cintão prateado, de cima a baixo. Ele deve ter me achado uma nega nojenta", conta Fátima. "Só depois fui saber que, naquele dia, ele não tinha um tostão furado, foi o Neoci quem emprestou o dinheiro para pagar a conta da barraquinha."

Antes de se despedirem daquele encontro inusitado, Neoci pergunta para Fátima se ela sabia quem era o parceiro. Diante da negativa, ele diz: "É o compositor de 'Malandro'."

"Falei uma coisa tão feia, algo grosseiro como um 'até parece', desdenhei de tal forma, que fiquei, na hora mesmo, envergonhada. Para consertar, falei a verdade, que adorava aquela música, que ficava esperando a hora dela tocar na Rádio Tamoio, uma das poucas que tocavam samba naquela época. Estamos falando de 1977", lembra Fátima. "Então Jorge confirmou: 'Fui eu.' Naquela hora olhei nos olhos dele e senti firmeza."

Fátima, então, deu o telefone de um vizinho, que funcionava como uma central de recados para as redondezas de Parada de Lucas, e eles se despediram. Dias depois, Fátima é chamada para atender a uma ligação. Marcaram de se encontrar e, a partir daí, ficaram amigos.

Sim, amigos, porque havia um grande problema. Quer dizer, dois. Primeiro, Jorge era casado. Depois, Fátima ainda não tinha se curado da primeira separação. Ela lembra: "Nessa época, o Jorge não tinha eira nem beira, a vida dele era muito difícil mesmo. Nos conhecemos no dia 29 de maio de 1977. No dia 2 de junho, saímos pela primeira vez. Nesse dia, ele me disse que era casado e tinha uma filha. A segunda nasceria pouco depois. Também contei do fim do meu relacionamento, que eu estava triste. No começo foi apenas isso, uma amizade, um ombro amigo."

Mais que um ombro amigo, Fátima encontrou em Jorge uma pessoa sensível, educada, numa fase muito difícil, em todos os sentidos, para os dois. Jorge mostrava as músicas que compunha, Fátima ouvia e mandava ele embora. E cada vez que ela despachava o sambista de volta para casa, ele fazia mais uma canção.

Fátima, hoje uma artista plástica talentosa, tentou retomar a relação com Rufino, engravidou da filha Janaína, mas a coisa acabou desandando. Já Jorge Aragão teve sua segunda filha, Tânia, com Lindomar, em um casamento que também estava com os dias contados. O tempo se encarregaria de uni-los mais adiante. E de uma forma muito curiosa.

Mesmo seguindo suas vidas, os dois se encontravam. Muitas vezes, Jorge se aconselhou com Dona Nair que, muito séria, sugeria que ele definisse aquela situação.

"Ele corria atrás de mim e eu, novinha, fazia o jogo da sedução. Mas era só isso. Até que, certo dia, o Jorge marcou um encontro comigo, no Largo do Bicão, e eu não fui. Nesse dia, eu estava me separando do Joel. Estávamos conversando dentro do carro quando Jorge passou em um táxi. Fui dormir triste. Pensei: 'O Jorge não sabe o que aconteceu e não vai querer me ver mais.' Mas no dia seguinte chegou uma corbélia de flores."

Jorge sabia exatamente o que queria. A ponto de passar dias ao lado de Fátima quando ela ainda estava grávida da filha Janaína. "Toda a vizinhança, e até Dona Nair, desconfiava que Jorge era o pai da minha filha. Mas não tínhamos nada além de amizade. Com o tempo, isso foi se transformando em algo maior, é claro."

Fátima conta uma história engraçada daquele período: Joel sabia da existência de Jorge e, curiosamente, aceitava o convívio com o rival. Jorge também respeitava Joel, mas ali era olho por olho, dente por dente. Certo dia, os dois se encontraram na casa em que a cobiçada Fátima morava, já não em Parada de Lucas, mas em Vista Alegre. Em determinado momento de uma conversa muito estranha, Joel diz para Jorge: "Olha, o ideal para a Fátima somos nós dois." O sambista, levou um susto, e respondeu: "Eu não concordo com isso."

"E ficaram, os dois, conversando sobre a minha pessoa, um de frente para o outro, como se eu não estivesse ali. Indignada com aquela maluquice, falei: 'Quer saber de uma coisa? Eu não sou um objeto. Não quero nenhum dos dois aqui. Vão embora.'"

E os dois foram embora. Mas, no outro dia, adivinha quem estava de pé, na porta de Fátima? Pois é, Jorge ali estava e, pouco depois, quem estava com ele era Fátima. E assim viveram casados por mais de 30 anos.

Quando Jorge Aragão lançou seu disco *Chorando Estrelas*, em 1992, o casal tinha uma rotina mais estruturada. Já eram mais de dez anos de convívio e, como vimos no capítulo anterior, a vida já estava um pouco mais confortável.

O álbum reflete esse bom momento do artista. É o seu disco, da fase RGE, mais amoroso, poético e autoral. Apenas duas faixas não são de sua autoria: "A terceira vez", de Julimar dos Santos e Cristiano Fagundes, o autor de "Papel de pão", e "Fogo e mágoa", de Cláudio Jorge. Todas as outras faixas do disco são de Jorge Aragão, sem parceiros. Uma boa mostra de que, já nessa fase, cada vez mais caseiro, distante do tempo em que ficava sentado com seu violão no Cacique de Ramos, ele exerci o desejo primeiro de se embrenhar em seu próprio mundo poético e melódico.

A música que dá nome ao trabalho, já no título, traz uma imagem bonita, mas, enquanto chora suas estrelinhas, o compositor desfia um lindo e doloroso arsenal de palavras:

> *Será que rasgando o céu, sangrando o mar*
> *Se eu chorar estrelas pra arrancar*
> *Esse amor, essa aflição*
> *Essa dor que corta o coração*
> *Será que é o bastante pra esquecer você*
> *Que partiu e nunca me deixou*

Que dormiu comigo e nem deitou
Que é que eu faço nesse amor
Se gostar dói tanto assim
Que é que eu vou fazer de mim
Nunca ser enquanto for
Arco-íris de uma cor
Acho que é assim o amor, amor

Já em "Amigo", ele define o que é uma parceria para além da música, uma amizade fraterna. O curioso é que todos os entrevistados desse livro contaram histórias que atestavam a generosidade como uma característica marcante do homem Jorge Aragão:

Amigo é pra ouvir sem nada pra dizer
Não ter o que pedir e sempre oferecer
Embora pareça que não, amigo é inimigo do não
Não liga pra rima, não lê mas assina
Confia no aperto de mão
Muito mais além do que se vê no espelho
Aquele que faz bem sem ter que dar conselho
Eu miro, ele aperta
Eu erro, ele acerta

Duas músicas, no entanto, virariam sucessos definitivos de sua carreira: "Alvará", com um coro característico das músicas de Jorge, e "Identidade". Essa última, por sinal, é uma das poucas que Jorge lembra como foi feita.

Ainda no início da carreira, no início dos anos 1980, um divulgador que circulava pelas gravadoras convidou Jorge para fazer um show em São Paulo. Ele já estava com tudo acertado, passagens, hotel e o cachê. Isso tudo, para um jovem e promissor sambista, era um sonho. Mas, após o show, no dia seguinte, no café da manhã, ele comeu, comeu, comeu e nada do pretendente a empresário chegar. E ele nunca chegaria.

"Não teve dinheiro, não teve nada e eu fiquei sem saber o que fazer da minha vida. Estava em São Paulo, duro que nem um coco, com uma conta para pagar e sem conhecer ninguém que pudesse ajudar. Fiquei mais de uma semana naquele quarto, sem saber o que fazer, e a despesa aumentando... Naquela época eu fumava. Um menino da recepção foi o único que, entendendo o meu drama, me deu a mão. Me arrumava uns cigarros, me conseguia um café e dizia para eu ficar calmo que as coisas iriam se resolver."

Jorge se viu prisioneiro em um hotel, longe de casa, sem dinheiro e – salvo o rapaz da portaria – olhado com desdém por hóspedes e funcionários. Sentindo-se oprimido e sozinho, fez um desabafo em forma de música, uma compreensão das dificuldades de ser um artista negro, já no Brasil dos anos 1980.

> *Elevador é quase um templo*
> *Exemplo pra minar teu sono*
> *Sai desse compromisso*
> *Não vai no de serviço*
> *Se o social tem dono, não vai...*
>
> *Quem cede a vez não quer vitória*
> *Somos herança da memória*
> *Temos a cor da noite*
> *Filhos de todo açoite*
> *Fato real de nossa história*

CAPÍTULO
16

UM JORGE
(1993)

UM JORGE (1993)

Gravadora: RGE | **Produtor:** Milton Manhães | **Projeto Gráfico e Fotos:** Vasco Borges

1. **BORBOLETA CEGA**
   (Jorge Aragão / Nilton Barros)
   MALANDRO
   (Jorge Aragão / Jotabê)
2. **TENDÊNCIA**
   (Dona Ivone Lara / Jorge Aragão)
   LUCIDEZ
   (Cléber Augusto / Jorge Aragão)
3. **ALÉM DE MIM**
   (Jorge Aragão / Nilton Barros)
   CABELO PIXAIM
   (Jorge Aragão / Jotabê)
4. **BAR DA ESQUINA**
   (Jorge Aragão / Jotabê)
   TEM NADA NÃO
   (Jorge Aragão / Almir Guineto / Luverci)
5. **PEDAÇO DE ILUSÃO**
   (Sombrinha / Jotabê / Jorge Aragão)
   TÍMIDA TENTAÇÃO
   (Jorge Aragão)
6. **PRA QUE NEGAR**
   (Jorge Aragão / Jotabê)
   LOGO AGORA
   (Jorge Aragão / Jotabê)
7. **FAIXA NOBRE**
   (Jorge Aragão)
8. **AMANTES DA NOITE**
   (Dedé da Portela / Dida)
   PARABÉNS PRA VOCÊ
   (Ratinho / Sereno / Mauro Diniz)
9. **LUA E ESTRELA**
   (Vinicius Cantuária)
10. **QUINTAL DO CÉU**
    (Wilson Moreira / Jorge Aragão)
    DO FUNDO DO NOSSO QUINTAL
    (Jorge Aragão / Alberto Souza)
11. **COISINHA DO PAI**
    (Almir Guineto / Luiz Carlos / Jorge Aragão)
    VOU FESTEJAR
    (Jorge Aragão / Dida / Neoci)
    CARNAVAL GLOBELEZA
    (Jorge Aragão / Franco)
12. **FAIXA NOBRE** - versão 2
    (Jorge Aragão)

Capítulo 16
UM JORGE (1993)

De todos os parceiros de Jorge Aragão em seu início de carreira, Nilton Barros, sem dúvida, foi seu maior contraponto. Jotabê foi a pessoa que o fez se interessar mais por harmonia; Neoci era seu grande amigo, seu primeiro incentivador; Dida, um companheiro do Cacique de Ramos; Almir Guineto era um pouquinho mais distante, pois morava em São Paulo. Já Dona Ivone Lara e Wilson Moreira eram quase protegidos por uma barreira invisível, por conta do respeito enorme que Jorge tinha por eles.

Nilton nasceu em Duque de Caxias, em uma localidade muito pobre, chamada Bar dos Cavaleiros, assim denominada, segundo a história oral, pelo fato de no final do século XIX ser um entreposto de tropeiros. Ali havia um bar onde, segundo consta, os cavaleiros amarravam seus cavalos em um larguinho e enchiam a cara para continuar viagem.

Filho de uma família de pouquíssimos recursos, Nilton era uma criança como a de qualquer outra localidade pobre, assim como Jorge, em Padre Miguel. Mas, se Jorge sonhava em pular os muros da escola, assim como fugir da Base Aérea de Santa Cruz anos depois, Nilton, por um instinto qualquer, pulou o muro no sentido contrário.

E que muro. Havia, no Centro de Caxias, a Escola Regional de Meriti, a antiga Escola Proletária de Meriti. Explica-se: Caxias, até os anos 1940, ainda era Vila Meriti, o oitavo distrito de Nova Iguaçu. Pois bem, essa instituição havia sido fundada por Armanda Álvaro Alberto, uma jovem professora, nascida e criada na Zona Sul, filha de um rico empresário, dono de uma fábrica de explosivos na Baixada Fluminense. Aproveitando-se das boas relações familiares e inspirada nos ideais do, também jovem, educador baiano Anísio Teixeira, ela decidiu implantar, justamente numa área rural marcada pela miséria, uma instituição muito à frente de seu tempo.

Quando surgiu, ao lado de uma pequena estação ferroviária, a escola já tinha um museu e uma biblioteca, numa época em que os alunos só aprendiam o que estava nos livros escolares.

Jorge com Nilton Barros em 2016. (Foto: João Pimentel)

Além do incentivo à pesquisa e à leitura, a instituição foi a primeira a servir merenda para os alunos na América Latina, com alimentos doados por comerciantes da região. Apoiada por professores de renome como o sanitarista Belisário Pena, assistente de Anísio Teixeira, e Edgar Roquette Pinto, o pioneiro do rádio no Brasil, Armanda promoveu uma verdadeira revolução na região, admitindo filhos de operários, utilizando o cotidiano como estratégia pedagógica, além de integrar lar e colégio, virando uma referência nacional na vanguarda da educação.

Mas, voltando à nossa história, a escola, com propósito social e humanista, servia o tal lanche para os alunos. Provavelmente pelo valor dos alimentos, as maiores doações eram de fubá de milho e erva-mate. Sendo assim, a combinação mais comum nas refeições era mate com angu. Curiosamente, e um pouco de forma pejorativa e preconceituosa, tanto a escola – como já dissemos, inovadora demais para a sua época –, quanto os alunos, miseráveis demais para qualquer período histórico, passaram a ser apelidados de Mate com Angu.

Se uns torciam o nariz para a iguaria popular e o bom e velho mate, na mesa de Nilton Barros aquilo era refeição para mil talheres. Por isso, ele caminhava alguns quilômetros, com outros molecotes, para filar aquela boia, mesmo sem ser convidado.

Depois de pular algumas vezes os muros da escola, já desconfiando que faziam vista grossa para a sua travessura, certo dia, ele encontra um conhecido que o informa sobre uma biblioteca que existia ali. Sem saber o que significava aquela palavra, ele se surpreende com a resposta do colega e vai para casa com aquilo na cabeça: "Então, além do mate e do angu, ainda emprestam livros de graça..."

A partir daí, Nilton, mesmo sem ser matriculado, virou figura fácil na biblioteca, entre super-heróis, Moby Dick e o mundo mágico de Monteiro Lobato. Nunca mais ele deixou de ter um livro ao seu alcance.

Além da leitura, desde cedo ele tinha outra paixão, a música. A influência veio de um tio que tinha o chamado "ouvido absoluto", a ponto de cair uma colher no chão e ele dizer: "Essa colher é mi bemol." Nilton decidiu aprender violão, no princípio por conta própria e, mais adiante, apoiado pela mãe, com um professor local.

Como boa parte dos jovens de Caxias, sem muitas opções, ao completar seus 18 anos, ele entrou para o Exército, mais precisamente para a PQD, a Brigada de Infantaria Paraquedista do Rio de Janeiro, passando por treinamentos espartanos.

Homem de vários talentos – segundo Jorge Aragão, "Nilton Barros não faz nada mais ou menos" –, em 1968 ele cursava Educação Física, no Exército; estava no segundo ano de Psicologia na Uerj; e se dedicava com muito afinco ao violão.

No instrumento, era aluno de Jayme Florence, o Meira, simplesmente uma das maiores referências do violão de seis cordas, e estudava na Escola Villa-Lobos. Em pouco tempo, passou a ser convidado para acompanhar artistas como Clara Nunes e Beth Carvalho, além de ser figura fácil nas noitadas do Teatro Opinião.

"Sempre achei Baden um gênio e admirava a capacidade dele de absorver o popular, das ruas, e a parte da leitura, dos estudos mesmo. Eu queria seguir essa linha", conta Barros.

Antes mesmo de se tornar um violonista requisitado no meio do samba, ele já era fã de Jorge Aragão por conta de uma participação desse em um show de Elza Soares, em Vila Isabel. "Eu me surpreendi com a linguagem moderna das coisas que ele fazia. Pouco tempo depois, comecei a tocar com a Beth, justamente quando ela descobriu o Cacique de Ramos."

A aproximação foi inevitável. E a parceria começou em um encontro em Jacarepaguá, quando Nilton estava de serviço no quartel. Jorge chegou com uma fita que tinha algumas músicas sem letra. Duas delas se transformariam em "Borboleta cega" e "Sem perdão". A primeira entraria no disco de 1981, de

Jorge, ainda na Ariola. A segunda, que tem ainda Sereno como coautor, seria gravada por Alcione, naquele mesmo ano, no disco que leva seu nome.

O curioso é que Nilton esperava justamente o contrário, que o parceiro musicasse suas letras. Mas o encontro musical deu tão certo que os dois viraram grandes amigos. A ponto de, um dia, Jorge Aragão passar na casa de Nilton convidando-o para uma viagem a São Paulo. "Mas fazer o que em São Paulo?", perguntou o músico. "Nada, é para fazermos uma música sossegados, na estrada."

A viagem não foi tão tranquila, porque Nilton, já tenente-coronel dos Bombeiros, teve que socorrer uma pessoa em um acidente na estrada. Mas da parceria saiu uma das músicas mais bonitas da dupla: "Além de mim".

"Sempre tive a preocupação de fazer algo diferente com o Jorge, porque, afinal, eu estava letrando a música de um cara que escrevia muito bem também. Nesse dia fiz uma frase que achei genial, mas a resposta dele veio seca: 'Esperava um pouco mais do poeta.'"

Nilton engoliu em seco, mas, pouco depois emendou:

Só sei... quando amo, não sou mais eu
Sou mais que eu, além de mim
Só consigo viver assim

A parceria da dupla, no entanto, não seria tão duradoura quanto esse encontro nos faz imaginar. Nilton conseguiu conciliar as duas carreiras apenas até o início dos anos 1980, quando a vida na caserna passou a exigir mais dele, que se tornaria um renomado coronel dos Bombeiros, criador do serviço de Salvamar, além de atuar por oito anos como Coordenador Geral da Defesa Civil do Rio de Janeiro, nos governos de Cesar Maia e Luiz Paulo Conde.

Outro motivo também o afastaria bastante da sua trajetória musical: a quase incompatibilidade de exercer o ofício musical e militar na virada dos anos 1970 para os 1980. Enquanto no quartel soava estranho um oficial andar com artistas, quase todos eles de esquerda, em uma fase de acirramento e censura; por sua vez, a intelectualidade não admitia esta vida dupla. Ser militar, naquele momento, era quase motivo de banimento artístico.

Um episódio curioso reflete bem o que era a sua vida naquele momento. Na noite do dia 30 de abril de 1981, Jorge Aragão e Nilton conversavam, animadamente, no intervalo de um show que acontecia no Riocentro, na Zona Oeste carioca. O espetáculo, comemorativo do Dia do Trabalhador, tinha ares de manifesto político. Nilton estava ali para acompanhar a turma do samba. Foi quando, por volta das 21h30min, dentro de um carro da marca Puma, que estava no estacionamento, explodiu uma das bombas que foram plantadas pelo sargento do Exército, Guilherme Pereira do Rosário, e pelo capitão, Wilson Dias Machado. A história é conhecida, o sargento morreu e o caso ganhou repercussão internacional. Mas, voltando para dentro do pavilhão, a explosão, no momento em que a cantora Elba Ramalho se apresentava, não foi percebida por muita gente. "O Nilton se virou para mim e disse: 'É bomba!' Eu disse que não, que era um problema no som, e ficamos ali", recorda Jorge.

Minutos depois, Nilton cruza com alguns oficiais que o conheciam de Jacarepaguá, onde ele tinha servido. Eles solicitaram sua ajuda para resolver um problema. Era um acidente que ocorrera no estacionamento, só que do outro lado de onde havia estourado a bomba. Era uma bobagem: um carro passou sobre um bueiro defeituoso. Com o peso da roda, a tampa levantou e rasgou o fundo do carro, prendendo o pé do motorista.

"Resolvi aquela questão e fui para casa, já que tinha filhos pequenos. No dia seguinte é que fui saber que ali tinha estourado uma bomba", conta. "Não eram tempos fáceis, por isso tudo e mais a necessidade de ajudar minha família, acabei me afastando."

Sua obra com o parceiro é pequena, mas rica, bastante representativa da primeira fase da carreira de Jorge Aragão. Não sabemos se antevendo que esse seria seu último trabalho de produção nos discos de Jorge, Milton Manhães decide, em 1993, fazer um balanço da carreira do artista até então. Seria um apanhado de suas parcerias mais constantes e um atestado de que ali estava o autor de uma já grandiosa obra. Inovador, ele realiza uma das primeiras gravações brasileiras ao vivo, em um estúdio.

O processo de *Um Jorge* foi o mesmo de um show, com *pot-pourris*, roteiro bem delineado e músicos ensaiados. Tudo para a qualidade de uma gravação em estúdio com a informalidade de uma apresentação aberta.

Com arranjos de Paulão 7 Cordas e do cavaquinhista Mauro Diniz, que também tocam no disco, e a participação de músicos recorrentes nos trabalhos de Manhães, na RGE, como Arlindo Cruz (banjo), Gordinho (surdo) e Dirceu Leite (flauta), *Um Jorge* é um disco acústico, sem teclados, guitarras e baixo.

Músicas obrigatórias de seu repertório são encadeadas, contemplando os principais parceiros dos seus, à época, mais de 15 anos de carreira. Além de "Borboleta cega" e "Além de mim", dele e de Nilton Barros; "Malandro" e "Bar da esquina", com Jotabê; "Tendência", com Dona Ivone Lara; "Vou festejar", com Dida e Neoci; o disco traz a primeira gravação de Jorge para "Quintal do céu", dele com Wilson Moreira, que divide a décima faixa com "Do fundo do nosso quintal", dele e Alberto Souza, gravada anteriormente apenas pelo Fundo de Quintal, em 1985.

"Quintal do céu" merece um registro à parte. Em um depoimento para o programa Enciclopédia do Samba, veiculado no

O ENREDO DE UM SAMBA

Canal Brasil, Wilson Moreira lembra como essa obra-prima foi concebida. "O Jorge Aragão, uma vez, me encontrou na cidade, já nos anos 80, e me perguntou, sem jeito: 'Wilson, será que eu mereço ser seu parceiro?' Acho que ele estava sem graça porque eu já era parceiro de Candeia e Nei Lopes. Mas eu disse que sim, claro. Fui pra casa, procurei nos meus alfarrábios e lá estava a primeira parte do samba 'Bangalô'":

> Um bangalô, no mais lindo canto da cidade
> Um grande amor para completar minha felicidade
> Canção de poesia, primazia
> A inspiração toma conta de mim
> Meu coração acende o interior
> A luminosidade é a luz do nosso amor

"Encontrei com ele, dias depois e cantei a primeira parte. Ele disse: 'Rapaz, trabalho de casa.' Duas semanas depois, ele me aparece com a segunda parte. Ele sabia que a Clara Nunes, que tinha nos deixado há pouco tempo, gravava minhas músicas. Então ele aproveita o mote da palavra luminosidade para emendar de forma brilhante":

> Quintal do céu, porta aberta ao recebê-la
> Estrela, divina luz
> Da janela, ao vê-la, a fé conduz
> A um poema que hoje mesmo fiz
> Vem me fazer feliz
> Sentindo, assim, o meu interior
> A luminosidade é a luz do nosso amor

"O nome já não era 'Bangalô', era 'Quintal do céu'", decretou Moreira.

CAPÍTULO

17

ACENA
(1994)

ACENA (1994)

Gravadora: RGE | **Produtor:** Vasco Borges | **Projeto Gráfico:** Vasco Borges | **Fotos:** Carlos Bilau

1. **COMO UM REI**
   (Luiz Cláudio / Jorge Aragão)
2. **FALSAS RAZÕES**
   (Jorge Aragão)
3. **TERRA CRUZ**
   (Paulo César Feital / Jorge Aragão)
4. **A TAL FELICIDADE**
   (Toni Bahia / Jota Maranhão)
5. **O BRASIL PRECISA BALANÇAR**
   (Paulo César Feital / Roberto Menescal)
6. **BRAVA GENTE BAMBA**
   (Jorge Aragão)
7. **MISTÉRIOS DO PEITO**
   (Dom William)
8. **FILOSOFIA DE AMOR**
   (Deusdete Maranhão / Jota Maranhão / Paulo César Pinheiro)
9. **CASA COLONIAL**
   (Paulo César Feital / Jorge Aragão)
10. **NAMORO PROIBIDO**
    (Pedrinho da Flor / Délcio Luiz)

Na TV com *Raul Gil*, em 1996.

Capítulo 17
ACENA (1994)

Quando Jorge Aragão entrou no estúdio Sigla, em abril de 1994, já sabia que estava encerrando um ciclo em sua carreira. O contrato com a RGE chegava ao fim e Milton Manhães, seu padrinho na aventura musical que começara oito anos antes, no LP *Coisa de Pele*, estava empenhado em outros projetos. Alem disso, e principalmente, aquilo que ficou conhecido como "estouro do [dito] pagode", que se deu em meados da década de 1980, era coisa do passado.

Vários fatores determinaram essa mudança. Tanto as gravadoras quanto as rádios estavam, como sempre estiveram, em busca de novos modismos. Se, antes de Jorge Aragão, Fundo de Quintal, Zeca Pagodinho, a onda era a música americana, mais especificamente a das discotecas – que gerou até uma novela da Rede Globo, *Dancin Days* e um grupo criado como produto pronto (As Frenéticas) – os inimigos fabricados, agora, eram internos.

No fim da década de 1980, além de uma infinidade de grupos de "pagode", logo apelidados de "mauricinhos", por conta dos passinhos marcados, das roupas brilhantes e da falta total de conteúdo, começaram a povoar as rádios artistas baianos, como Luiz Caldas e a Banda Reflexus. Era o início de outro fenômeno, assim como o da discoteca, mais ou menos, espontâneo.

Por que mais ou menos? A virada dos anos 1980 para os 1990 foi o início de uma campanha maciça, de cunho turístico e político, para alavancar o carnaval baiano. Enquanto, no Rio de Janeiro toda a injeção de capital era destinada às escolas de samba e seus contraventores, ocasionando o esvaziamento dos blocos de rua – que já haviam sido reprimidos durante a ditadura militar –, os baianos investiram num carnaval, supostamente, mais democrático.

Apesar da demarcação social dos grandes blocos e dos abadás – as caras camisetas pagas para quem quisesse, e pudesse, dançar confortavelmente dentro das cordas –, teoricamente, a patuleia, de alguma forma, participava da festa na pipoca, ou seja, fora do cordão. Nada muito diferente dos setores populares da Marquês de Sapucaí, onde o povão se espreme e não vê quase nada.

No entanto, o carnaval baiano, fora o seu caráter comercial, teve um investimento bem mais inteligente do que a mesmice praticada no Rio de Janeiro. Foi criado um grande cadastro para as empresas adotarem praças e coretos, preservando os logradouros, as tradições, democratizando e descentralizando, dentro do possível, a festa.

Os blocos afro foram incentivados, com aporte financeiro e material, ganhando sedes definitivas, criando projetos sociais e preservando suas histórias. Os blocos que surgiram nessa onda mais comercial, com o tempo, passaram a brigar, com apoio do estado também, pelos seus próprios patrocinadores, que, diante do sucesso da empreitada, surgiram rapidamente.

Nesse contexto, diante da novidade, as rádios não tardaram a abraçar a onda baiana. Mas, pensando de uma forma geral, o samba nunca foi prioridade nas rádios mesmo, principalmente das FMs. Fora idealistas como o radialista

O ENREDO DE UM SAMBA

Adelzon Alves, uma espécie de Dom Quixote do samba, que descobriu, produziu e botou para tocar, nas madrugadas da Rádio Globo AM, sambistas de todas as gerações, apenas um projeto real de uma rádio voltada para o gênero foi bem-sucedido: a Rádio Tropical.

Criada, no início dos anos 1980, por Armando Campos, ex-locutor da Rádio Nacional e do programa *A Voz do Brasil*, a Rádio Tropical FM (104,5) foi a primeira, quase que totalmente, voltada para o samba, tendo em sua programação algumas exceções como um programa de funk do DJ Marlboro. Inicialmente focada nas escolas de samba, no dia a dia das agremiações, a direção da emissora, mais precisamente Campos, viu no surgimento daquela manifestação popular, na propagação de pagodes por toda a cidade, um bom canal para abocanhar uma fatia da audiência.

No livro *Cacique de Ramos – Uma História que Deu Samba*, de Carlos Alberto Messeder Pereira, Campos explica que a transformação da Tropical em uma porta-voz de sambistas e aficionados foi um caminho natural de uma emissora pequena que procurava seu lugar no *dial*. "Essa nova programação foi popularizada a partir do carnaval de 1986, quando a rádio passou a tocar samba-enredo em maior escala. A partir daí, passou a ser sintonizada por uma camada muito grande de pessoas. Terminado o carnaval, a gente não queria perder essa conquista, mas não poderia continuar tocando samba-enredo", explica.

Campos diz que foi feita uma pesquisa de mercado para saber como manter a audiência do público ligado ao samba: "Essa pesquisa foi feita em lojas de discos e também junto aos ouvintes que telefonavam para a rádio pedindo músicas. Reparamos que entre as músicas que eles mais ouviam e gostavam estavam as de Zeca Pagodinho, Almir Guineto, Fundo de Quintal, Leci Brandão, Beth Carvalho e assim por diante. A partir daí, fomos surpreendidos por um grande número de pagodeiros que procuraram a rádio diretamente, com discos que não conhecíamos. Artistas que existiam mas não eram divulgados. Ampliamos a programação de pagode e chegamos ao primeiro lugar em audiência."

Entre esses "pagodeiros", que bateram na porta da rádio, estavam nosso bravo Milton Manhães e seu fiel escudeiro, o jornalista, produtor e músico Marcos Salles, com quem trabalhava desde 1984.

Logo que foi chamado para produzir discos para a RGE, cuja sede ficava em São Paulo, Manhães lembrou do amigo, que trabalhava no jornal *O Dia*, conhecia meio mundo e tinha uma alma empreendedora, para ajudá-lo em suas empreitadas. E Salles se mostrou uma aposta acertada. Assim como Manhães, ele cruzava e cabeceava para o gol. Produzia, tocava, fazia textos para os discos do Fundo de Quintal e, como o amigo, batalhava a divulgação dos discos que faziam.

"Nós estabelecemos uma relação tão firme com o Armando Campos que, antes mesmo do disco ser lançado, apenas com a cópia master, sem capa nem encarte, já entregávamos para a rádio tocar. Era uma troca, eles tocavam nossos discos e nós dávamos tudo para eles em primeira mão", conta Salles.

A história de Marcos Salles com a Tropical FM seria ainda mais profunda. Além de programas como *Sampagode*, *Horóscopo do Samba*, *Entrevista com Seu Ídolo* e *O Melhor do Pagode e do Samba*, a rádio investiu em outras frentes.

"A Tropical foi a primeira a fazer shows de samba nas praias, a esquentar sua programação, enfim, a trazer o público para perto de seus ídolos. O *Pagode na Praia* acontecia aos sábados, com todos os artistas que produzíamos. Então não tinha erro, montamos uma banda com músicos que gravavam na RGE e, quando o artista chegava, era só levar o roteiro. O Bira Havaí era o diretor, no começo, e, pouco depois, eu mesmo assumi. A coisa deu tão certo que tínhamos seguranças para atravessar a multidão", conta Salles.

Passado o verão, depois de uma série de shows nas praias de Ipanema, Copacabana, Botafogo, Ramos, Barra da Tijuca e onde mais houvesse a conjunção areia e mar, as quadras das escolas – as mesmas que haviam desprezado seus sambistas tradicionais – serviram de cenário para a invasão daquele samba novo.

Por todos os motivos já enumerados acima, mais a concorrência das grandes empresas de comunicação, a rádio entrou quebrada na década de 1990. Campos ainda tentou salvá-la, mudando o nome, apostando em outros segmentos populares – mais tarde, até em música instrumental –, mas sucumbiu e teve que arrendá-la para a Igreja Universal do Reino de Deus, do bispo Edir Macedo.

A saída de cena de Milton Manhães, com sua maneira ímpar de lidar com todas as etapas da feitura de um disco, e o fim do contrato com a RGE eram sinais de que a carreira de Jorge Aragão ganharia outros rumos, como veremos no próximo capítulo.

Acena, mesmo sem Manhães, teve a estrutura parecida com os trabalhos anteriores na RGE. O diretor artístico Vasco Borges chamou Marcos Salles para coordenar a produção e o maestro Ivan Paulo fez os arranjos. O disco também contou com músicos do samba como o cavaquinhista Wanderson Martins e o violonista Claudio Jorge. A única exceção é a presença marcante do teclado de Darcy de Paulo, algo que o antigo produtor abominava, assim como a turma do samba, naquele momento, de uma forma geral.

O disco de despedida dessa bela fase da carreira do sambista, apesar de ser o único que não teve um grande sucesso, que não tocou nas rádios, não chega a ser uma ovelha desgarrada no rebanho de sua discografia. *Acena* tem altos e baixos, mas dá o seu recado, justamente, nos sambas de Aragão e seus parceiros. Sozinho, ele assina "Falsas razões" e "Brava gente bamba", em que critica a deturpação do samba e a criação do pagode "mauricinho", marcando posição contra a imposição medíocre de um "gosto popular". Jorge reconhecia o inimigo de sua grande arte e não corria da briga:

> *O samba que era só de gente bamba*
> *Agora é dólar dentro da caçamba*
>
> *Maurício samba que é um sacrifício*
> *Patrícia usa, abusa de malícia*
> *Que pena, a poesia sai de cena*
> *Mas, se vender, é passaporte pra TV*
> *Até dá pra gente entender*
>
> *Quem precisa, jura que veste a camisa*
> *Conquista meia fama de sambista*
> *Esperto, vendo que deu tudo certo*
> *Vai dizer que sempre foi MPB*
> *Até dá pra gente entender*

A inspirada parceria com Paulo Cesar Feital surge, nesse trabalho, com duas pérolas: "Terra Cruz" e "Casa colonial". Essa última mais atual, impossível:

> *É geral a impressão de desolação*
> *Nessa casa colonial*
> *A lixeira cultural*
> *Filial do Tio Sam*
> *Sei que meu povo é capaz*
> *De reformar a mansão*
> *Que é de meu pai e de meu avô*

O ENREDO DE UM SAMBA

De reforçar os portais
Que a ambição não desmoronou
E quando tudo acabar
Quero escrever na fachada
És pátria amada do meu amor

Bate tambor, minha nação
Samba, jongo, caxambu
E no quintal do coração
Fica o cruzeiro do Sul

Se o olhar derramar toda a comoção
Nas escadas imperiais
Vai haver inundação
Nos recantos nacionais

Troféu Samba de Primeira, no final dos anos 1990.

CAPÍTULO

18

SAMBISTA A BORDO (1997)

SAMBISTA A BORDO (1997)

Gravadora: Indie Records | **Produtor:** Antonio Amorim | **Fotos:** Luciana Leal | **Arte:** Stela Nascimento

1. **LOUCURAS DE UMA PAIXÃO**
(Mauro Diniz / Ratinho)

2. **PEREIRA, AMOR DE ABIGAIL**
(Jorge Aragão)

3. **CONQUISTADOR DE CERA**
(Jorge Aragão)

4. **DANÇA DAS MÃOS**
(Jorge Aragão)

5. **DE PARIS À IRAJÁ**
(Jorge Aragão)

6. **QUINTA PROMESSA**
(Jorge Aragão)

7. **ESPELHO MEU**
(Paulo César Feital / Jorge Aragão)

8. **NOSSO ROMANCE**
(Flávio Cardoso / Luiz Cláudio / Jorge Aragão)

9. **JAPA**
(Paulo César Feital / Roberto Menescal)

10. **PEÇO ATENÇÃO**
(Ronaldo Camargo / Carlos Caetano)

11. **ACABA QUANDO COMEÇA**
(Gerônimo / Saul Barbosa)

12. **VELHO ARMÁRIO**
(Serafim Adriano / Paulo Pinto)

Foto de divulgação do disco *Sambista a Bordo*, de 1997.

Capítulo 18
SAMBISTA A BORDO (1997)

Líber Gadelha começou na música meio que por acaso. Primo de Sandra, ex-mulher de Gilberto Gil, e de Dedé, ex de Caetano Veloso, quando tinha 14 anos foi passar uma temporada em Salvador. Ao ver Gil fazendo uma série de shows com Naná Vasconcelos, decidiu que era aquilo que queria: fazer música, viver de tirar sons de um instrumento, criar arranjos e compor.

A primeira providência foi pedir um violão para Gil. Muito solícito, o baiano arrumou um instrumento velho, com apenas as duas cordas mi – justamente a de cima e a de baixo. Numa viagem Brasil afora, continuação dessa temporada, ele teve a companhia daquele violão banguela. Tocou até o dedão inchar, tentando simular um baixo. Coisas de iniciante. Voltando para casa, entrou para a escola de música Pro-Arte, onde estudou violão clássico. Depois, entrou para a Universidade Federal do Rio de Janeiro. O problema é que na UFRJ não havia cadeira do instrumento, então sugeriram a ele ter aulas de violoncelo. Líber pediu o instrumento para o pai, que quase caiu para trás ao ver o preço do brinquedo. A solução encontrada foi inusitada: o pai deu a ele uma velha guitarra Giannini.

Sem muita alternativa, Líber resolveu tomar uma atitude para lá de radical. Mesmo com um inglês parco, escreveu uma carta para a tradicional Berklee College of Music, em Boston. Surpreendentemente, até para o jovem ousado, a resposta foi positiva. Ele conseguiu meia bolsa e se mandou para os Estados Unidos. Foram cinco anos, segundo ele, no pior lugar do mundo para se viver, por causa do frio invernal. A vantagem é que, na falta de opções em Boston, os estudantes... estudam. Talvez isso explique a quantidade de grandes músicos que passaram por lá. Líber, em sua estada, conheceu alguns, como o trompetista Márcio Montarroyos e os guitarristas Ricardo Silveira e Victor Biglione.

Em 1984, de volta ao Brasil depois da temporada americana, em que estudou guitarra, violão e regência, logo se entrosou com o ambiente musical da época. Acompanhou artistas como Joana, Sandra de Sá, Luiz Melodia, Ney Matogrosso e outros. Mas Líber se sentia inseguro com a profissão pelo fato de estar sempre dependendo da agenda dos cantores.

Até que, certo dia, Zizi Possi, com quem se casaria mais tarde e teria a filha Luiza, também cantora, o convidou para fazer a direção musical de seu disco *Perigo*, de 1986. O diretor de sua gravadora, a PolyGram, era o todo poderoso Mariozinho Rocha, que estava encarregado também da produção. Mas ele acompanhou o trabalho de Líber à distância e, surpreendido com a capacidade do jovem de 28 anos, nem apareceu no estúdio.

Líber acabou assinando também todos os arranjos e a produção. "O disco anterior da Zizi, *Dê um Rolê*, de 1984, não tinha dado o resultado esperado, então dei a sorte de ter sido chamado e do trabalho fazer bastante sucesso. Toquei guitarra e tive a ajuda do Guto Graça Melo, que fez os arranjos de cordas e metais."

Essa foi uma oportunidade de ouro para ele que descobriu que o seu caminho na música era justamente o de produzir artistas. Foi aí que teve a ideia de fundar a Indie Records, em parceria com o grupo de investidores Mega.

O ENREDO DE UM SAMBA

"O Grupo Mega tinha 80% da sociedade, eu 10% e um terceiro sócio, mais voltado para a área de vídeo e *jingles*, outros 10%. Tínhamos todo o equipamento de ponta de áudio e de vídeo para cinema. Nossos clientes eram a produtora Conspiração, o cineasta Fernando Meirelles e o publicitário Washington Olivetto. Eu, claro, cuidava mais dos estúdios. A Indie Records foi crescendo tanto que eu fiquei responsável especificamente por essa parte. Mais uma vez eu dei sorte, porque era a época de transição do disco, dos velhos LPs para os CDs. Então tínhamos a faca e o queijo, toda a tecnologia na mão. O problema, como sempre, era a distribuição", recorda Líber.

Para tentar solucionar a questão, o produtor foi procurar João Araújo, presidente da Som Livre. O pai de Cazuza era o melhor amigo do pai de Líber, além disso, ele próprio era um parceiro de primeira hora do roqueiro.

"Queria ser distribuído por eles. Mas o João me explicou que a Som Livre não distribuía ninguém e me mandou tratar desse assunto na RGE, que havia sido comprada pela Som Livre. Fui lá na sede, na Barra Funda, em São Paulo, um lugar horrível. Fiquei três meses com eles, mas o trabalho de distribuição era muito ruim. Então bati de novo na porta do João e ele me recebeu com um sorriso: 'Já sei, você veio a primeira vez para entrar, agora você vem para sair. Líber, você é um gênio.'"

Mas a aventura paulista não foi, como parece à primeira vista, um fracasso total. Se a RGE era ruim de distribuição, era pior ainda quando o assunto era trabalhar os seus próprios contratados. Observador atento, o produtor viu que tinha coisa boa ali, artistas que, bem explorados, poderiam render frutos. E, de uma tacada, contratou Jorge Aragão, o grupo Fundo de Quintal e os sertanejos Teodoro e Sampaio.

Já com Jorge em seu *cast*, uma casualidade desencadearia a ideia de lançar discos ao vivo do sambista, o que aconteceria também com outros artistas da gravadora como Luiz Melodia, Fundo de Quintal e Alcione.

"Eu estava num engarrafamento enorme, então eu percebi que no carro ao lado tinha uns cinco rapazes, de uns 20 anos no máximo, cantando músicas do Jorge Aragão como 'Vou festejar' e 'Coisinha do pai'. Até que um deles falou assim: 'Pô, a Beth Carvalho arrebenta com essas músicas.' Saí com aquela frase na cabeça. Quando encontrei o Aragão disse a ele: 'Você é um poeta do samba, mas ninguém sabe que você é o autor dessas músicas, porque quem canta é que leva o título de compositor. Temos que gravar um CD e um DVD ao vivo para que conheçam, de verdade, o Jorge Aragão'", lembra Líber.

Mas as coisas não eram tão simples assim. Depois da tentativa frustrada com a RGE e de ter passado por Eldorado, Sony e outras distribuidoras, a Indie tinha fechado com a PolyGram, que tempos depois se transformaria em Universal. Um acordo de porcentagem garantia os discos com rapidez nas prateleiras das lojas. Ao falar de seu novo contratado, no entanto, Líber ouviu uma piada de um executivo da empresa parceira, que não acreditava que o sambista, com meio século de vida, pudesse virar um grande vendedor de discos.

Mas esse era o menor dos problemas de Líber. A pedra em seu sapato era justamente Jorge Aragão e sua resistência em gravar o tal disco ao vivo ambicionado pelo produtor. "Eu não queria porque, como já disse inúmeras vezes, não gosto da minha voz nem em discos de estúdio. Ao vivo, então, nem se fala", diz Jorge.

O sambista foi irredutível e, no começo, Líber cedeu às vontades do seu contratado. "Ele levou um disco pronto e eu o contratei. Um pouco contrariado, mas contratei", lembra Líber.

Sambista a Bordo, no entanto, surpreendeu o produtor, que interferiu apenas na mixagem, feita no estúdio do conglomerado, e na masterização, encomendada a Ricardo Garcia, um dos melhores do ramo.

O ENREDO DE UM SAMBA

O disco foi bem recebido pela imprensa e teve boa vendagem, superando a marca das 100 mil cópias vendidas. Em uma pequena crítica, a jornalista Lena Frias, uma grande conhecedora do samba, exalta o lançamento:

"Jorge Aragão, em *Sambista a Bordo*, traz para o disco o cenário suburbano, o romantismo de quem acredita no amor, a malícia e a gozação de amigos em torno da roda de cerveja e a cadência bonita do samba carioca básico, aquele sem pressa. A tudo isso, acrescenta uma voz de timbre rico e a interpretação segura de quem conhece o ofício."

A faixa que abre o disco, um sucesso instantâneo, é uma composição de Ratinho e Mauro Diniz. "Loucuras de uma paixão", até hoje, é música obrigatória no repertório dos shows de Jorge Aragão.

Sem lhe conhecer
Senti uma vontade louca de querer você
Nem sempre se entende as loucuras de uma paixão
Tem jeito não
Olha pra mim
Faz tempo que meu coração não bate assim

A pequena crítica de Lena Frias era grandiosa na compreensão de *Sambista a Bordo*. O cenário suburbano está presente em ótimas crônicas musicais como "Pereira, amor de Abigail", "De Paris à Irajá" e até em "Conquistador de cera", que se passa em Brasília, todas de Jorge. São dele também a sensual "Dança das mãos" e a poética "Quinta promessa".

Líber não queria "mais um disco" de Jorge Aragão, mas o primeiro trabalho lançado pela Indie é daqueles para se curtir em um fim de tarde, bebendo uma boa cerveja, saboreando palavras e melodias.

CAPÍTULO
19

SAMBAÍ
(1998)

SAMBAÍ (1998)

Gravadora: Indie Records | **Produtor:** Antonio Amorim | **Fotos:** Nana Moraes | **Projeto Gráfico:** Stela Nascimento

1. **FRIA LIÇÃO**
   (Paulinho Rezende/ Jorge Aragão)
2. **DEUS MANDA**
   (Nelson Rufino / Guiga de Ogum / Jorge Aragão)
3. **SORRI (SMILE)**
   (J. Turner / G. Parsons)
4. **AMOR E MÚSICA**
   (Jorge Aragão)
5. **SAMBA BOM DEMAIS**
   (Jotabê / Jorge Aragão / Roberto Menescal)
6. **CARA DO BRASIL**
   (Paulinho Rezende / Jorge Aragão)
7. **TEMPESTADE**
   (Flávio Cardoso)
8. **CAVACO**
   (Padeirinho)
9. **SENTINELA**
   (Leandro Lehart)
10. **NOVOS TEMPOS**
    (Jorge Aragão)
11. **SERIA ASSIM**
    (Jorge Aragão)
12. **FALADOR PASSA MAL**
    (Jorge Ben Jor)
13. **DE CARA PRO GOL**
    (Jorge Aragão)

Capítulo 19
SAMBAÍ (1998)

O final dos anos 1990 para Jorge Aragão, mesmo já na nova gravadora, foi de uma certa indecisão. Assim como ele, a maioria dos artistas de sua geração procurava novos rumos. Não uma adaptação, mas uma forma de ainda surpreender dentro da mesmice imposta pelas rádios, inchadas de produtos "mais do mesmo", um amontoado de grupos sem conteúdo, se repetindo em sonoridades medíocres e letras melosas, quando não em um erotismo raso.

Zeca Pagodinho era a exceção. Ele já havia encontrado o seu caminho, em 1994, ao ser oferecido pelo empresário Nei Barbosa para a PolyGram. Encostado na RGE, assim como Jorge Aragão e outros artistas, ele contou com a visão estratégica do diretor artístico Max Pierre, que viu o talento do sambista embotado por algumas produções aquém de seu merecimento. Convidou Rildo Hora para dar a ele uma sonoridade moderna, sem perder a batucada jamais, e investiu também em sua imagem. Ou seja, mesmo contrariado, Zeca teve que se adaptar a uma disciplina minimamente mais rígida. Isso incluía o figurino, a paciência para o trabalho de divulgação e, dentro do impossível, uma adequação à rotina de shows e gravações.

Jorge e Zeca Pagodinho, no início dos anos 2000.

O carisma de Zeca, aliado à presença na banda do amigo de longa data, Paulão 7 Cordas, fez com que a coisa desse certo. Durante um bom tempo, Paulão dividiu o quarto com Zeca, quase como um treinador de futebol que fica por perto, de olho no seu craque, nas vésperas de um jogo decisivo. O resto, a genialidade de Zeca resolveu. Aos poucos, ele se adaptou à vida de artista, ou, ao menos, mudou essa rígida relação pré--fabricada, para o seu bem e de todos os envolvidos.

A partir de 1995, quando lança *Samba pras Moças* e, no ano seguinte, o ótimo *Deixa Clarear*, sua carreira estabeleceria um padrão que nenhum de seus contemporâneos alcançou. Não haveria mais altos e baixos.

Arlindo Cruz e Sombrinha, outras duas crias do Fundo de Quintal, ainda tentavam a vida a dois, lançando, em 1998, *Pra ser Feliz*, o primeiro e único disco pela PolyGram. Esse álbum, para existir, evidentemente, teve o dedo de Zeca Pagodinho, já a estrela da companhia. Mesmo com toda a qualidade do trabalho e do reconhecido talento da dupla, não havia espaço em uma grande gravadora para mais de um sambista.

Até o Fundo de Quintal, que já estava no décimo sétimo disco de carreira, tentava a fórmula fácil de um disco repleto de convidados. Mas o fato é que os sambistas, alguns deles já na casa dos 40 anos e, outros como Aragão, perto da dos 50, concorriam com jovens sarados, que em nada se pareciam com aquela turma que gostava da noite, que tinha personalidade e, particularmente, sabia fazer música.

Uma matéria do jornalista e crítico musical Tárik de Souza no *Jornal do Brasil*, em junho de 1998, descreve bem esse momento. Intitulada "O samba invade as paradas", já no subtítulo ela faz uma avaliação do mercado: "O domínio relativo do gênero é resultado da vitória da quantidade sobre a qualidade."

Tárik joga no mesmo saco de gatos da mediocridade vigente grupos como Katinguelê, Karametade, Kiloucura, Malícia e Só no Sapatinho, de Bruno Coimbra, filho do ex-jogador Zico: "Com raras faixas de exceção, parecem fabricados num único molde apesar das gravadoras diferentes."

Jorge Aragão, na ótica do jornalista, longe de ser colocado no mesmo patamar dessa turma, não é poupado, por conta de um repertório considerado equivocado, com eventuais "concessões à cadência e ao enredo melado do *sambanejo*". Tárik se refere às faixas "Amor e música" e "Seja assim". No entanto, ele elogia a manutenção do pulso autoral das faixas "Cara do Brasil" e "Deus manda"; o flerte com a bossa nova, em "Samba bom demais", uma parceria com Jotabê e Roberto Menescal; e o critério das escolhas de músicas de outros autores como Jorge Ben Jor, "Falador passa mal", e o mangueirense Padeirinho, "Cavaco".

A crítica de Tárik não desmerece o lançamento de Jorge Aragão, mas o fato é que *Sambaí*, se por um lado não é um álbum ruim, por outro, não apresentou nenhuma grande novidade em termos de sonoridade. Além disso, comete o pecado de misturar boas canções com "De cara pro gol", música comercial que visava a Copa do Mundo de 1998, na França.

A mudança de gravadora só ocorreria de fato a partir do primeiro disco ao vivo, pois Líber Gadelha recebeu os três primeiros álbuns de Jorge prontos, se ocupando apenas da prensagem e da distribuição, além, é claro, do trabalho de divulgação e imprensa. O todo poderoso da Indie não concordava com aqueles discos, queria que Jorge desse um passo adiante, um passo comercial e artístico. Mas Jorge, como sempre em sua vida, queria mesmo era continuar compondo, fazendo seus showzinhos e registrando sua obra.

Sambaí abre com um bela canção de separação, de Jorge e Paulinho Rezende, "Fria lição":

Fizeram tantas coisas pra nos ver sofrer
Contaram tanta história de mim pra você
Brindaram nosso drama
Ao som da nossa valsa
Uma plateia fria, tão falsa
Mas o pior de tudo é que ficamos sós
Ouvindo uma canção que falava de nós

Em seguida, uma nova parceria com Nelson Rufino e ainda Guiga de Ogum. "Deus manda" é um samba de roda com a pegada de Rufino – que vinha do estrondoso sucesso de "Verdade", no disco *Deixa Clarear*, de Zeca Pagodinho – acrescida da linha melódica característica de Jorge:

> *Deus manda, Deus manda*
> *Na hora que mais se precisa*
> *A luz pra acender minha alma*
> *A cura da dor num lampejo*
> *Todo perdão que me salva*
> *Olhos pra quando eu não vejo*
> *Se eu me sinto sozinho*
> *Ele vem em segredo*
> *E me faz passarinho*
> *Pra que eu não mais tenha medo*

Se alguma música fez um certo sucesso em *Sambaí* foi "Sorri", a versão de João de Barro, codinome de Braguinha, para "Smile", de Charlie Chaplin. Mas a prova de que o repertório do disco é oscilante está na faixa seguinte, o tal *sambanejo* "Amor e música", que incomodou Tárik e, realmente, não está à altura da obra de Jorge.

Quase que consertando o deslize, em seguida vem "Samba bom demais", uma bossa nova em parceria com Jotabê e Roberto Menescal.

> *Bendito seja o samba*
> *E o bem que ele faz*
>
> *Mesmo se descamba*
> *Pras ondas do jazz*
> *Pras bandas de Luanda*
> *Pra beira do cais*

Das regravações, "Cavaco", de Padeirinho, não chama tanta atenção quanto "Falador passa mal". A incursão de Aragão

pela praia de seu xará, Ben Jor, que na época da composição ainda assinava Jorge Bem, é muito bacana. Assim como havia gravado, e bem, o forró "Facilita", no disco *Verão*, ele transita com autoridade na levada samba rock. Provavelmente pôs nessa canção sua origem baileira.

Apesar de manter seu maestro Ivan Paulo nos arranjos e na regência, *Sambaí* era, até aquele momento, o disco com mais incidência de elementos antes rejeitados pelos sambistas. O baixista Jamil Joanes, o tecladista Itamar Assiére e o guitarrista Zé Carlos, muito sutilmente, dão a esse trabalho uma cara um pouco mais comercial, para o bem e para o mal.

CAPÍTULO

20

TOCANDO O SAMBA (1999)

O ENREDO DE UM SAMBA

TOCANDO O SAMBA (1999)

Gravadora: Indie Records | **Produtor:** Jorge Aragão | **Fotos:** Jorge Rosemberg | **Projeto Gráfico:** Ana Lúcia Carvalho

1. **PERFUME E MÚSICA**
(Jorge Aragão)
2. **PERFIL DE SAMAMBAIA**
(Carlos Colla / Jorge Aragão)

   ONTEM
(Jorge Aragão)
3. **NA MESMA PROPORÇÃO**
(Nilton Barros / Jorge Aragão)
4. **PRETO, COR PRETA**
(Jorge Aragão)

   TOPO DAS LIÇÕES
(Jorge Aragão)
6. **NINGUÉM NOTOU**
(Jorge Aragão)
7. **SIMPLES OLHAR**
(Jorge Aragão)
8. **MOLEQUE ATREVIDO**
(Paulinho Resende / Flávio Cardoso / Jorge Aragão)
9. **MUDANÇA DE OPINIÃO**
(Toninho Nascimento / Luiz Grande / Jurandir da Mangueira)

   DE MIM
(Jorge Aragão)
10. **IGUAIS NUNCA MAIS**
(Jorge Aragão)
11. **PARINTINS PARA O MUNDO VER**
(Jorge Aragão / Ana Paula Perrone)
12. **ALMA DE IRMÃO**
(Sombrinha / Jorge Aragão)

    CHÁ DE LOURO
(Neoci / Pelado)
13. **DEVANEIOS DE UM COMPOSITOR**
(Neoci / Dida)

    QUERO VER CUMPRIR
(Dida / Jorge Aragão / Neoci)
14. **VENDENDO A ALMA**
(Jorge Aragão)

Capítulo 20
TOCANDO O SAMBA (1999)

Naquela tarde, nos idos de 1987, no alto do Morro do Tuiuti, de olhos fechados, Jorge Aragão saboreava cada palavra de "Reflexão", o lindo samba de amor com melodia de sua autoria e letra de Luiz Carlos da Vila. Ao fundo, um coro de milhares de vozes afinadas.

> *Tem, o amor, várias maneiras*
> *Que ultrapassam as fronteiras*
> *De qualquer reflexão*
> *Bem, pode ser uma fogueira*
> *Que se apaga na primeira*
> *Breve chuva de verão*
> *Eu vi, por amor sincero,*
> *Alguém jurar a estrela Dalva ir buscar*
> *E ao seu bem oferecer*
> *Também, quem um dia viu a dor pousar*
> *E num sonho de amor secar*
> *Toda a fonte do prazer*

A energia do momento enchia sua alma de tal forma que ele demorou a perceber que, em determinado momento, cantava sem acompanhamento. Jorge pensou que havia algum problema com o som. Quando abriu os olhos viu centenas de policiais saindo das vielas, das casas, pulando muros como numa cena de um bem produzido filme de ação. Olhou para trás e os músicos da banda também tinham corrido. Ele então pegou o seu cavaquinho, pulou do palco e correu por uma ruazinha até dar de cara com um muro que tinha um buraco. Até hoje não sabe como passou por dentro daquele orifício com seu corpanzil.

Mas passou e continuou correndo, seguindo as sombras, já que naquele momento anoitecia, sem saber sequer o porquê de estar fugindo. Até que, por fim, entrou em uma viela sem saída. Apavorado, sentou no chão, abraçado com seu instrumento, e chorou.

De repente, ele ouve o barulho de passos. Era a polícia. E não é nenhuma novidade que policial no morro, nesse tipo de situação, atira e depois pergunta. Segundos antes dos meganhas dobrarem a esquina e encontrarem o nosso simpático personagem acuado e com medo, umas dez mulheres pularam na frente dele e fizeram uma espécie de escudo humano. Gritaram: "Não atirem, não atirem, não é nenhum bandido, é o Jorge Aragão que está aqui."

Os policiais ouviram e pararam. Depois escoltaram o sambista até a saída do morro. A partir daquele momento, decidiu que não aceitaria mais convites das associações de moradores para esse tipo de show. Uma pena para quem, assim como ele, sempre gostou de levar alegria para as populações menos favorecidas, em sua opinião, o melhor público, o mais receptivo, carinhoso e emotivo.

O nosso sambista abstêmio, careta como gosta de dizer, passou por outras situações curiosas nos morros da cidade, afinal não há nenhuma comunidade em que ele não tenha feito shows nos anos 1980.

A primeira vez que subiu um morro, no entanto, não foi como um artista consagrado. O grande compositor Beto Sem Braço, que de careta não tinha nada, certo dia encontrou Jorge no Cacique e o levou para a Mangueira, "para tocar um violão". Chegando lá, rumaram para o Buraco Quente, mais precisamente para uma birosca. Jorge ficou na mesa com seu violão, cantando para meia dúzia de bêbados, e Beto sumiu. Quer dizer, sumiu e voltou, sumiu e voltou, sumiu e voltou. Até que, lá pelas altas da madrugada, um malandro ofereceu uns "produtinhos" para o nosso quase pastor.

Nesse momento, Beto chegava de mais uma incursão ao banheiro e deu um tremendo esporro no sujeito: "Para ele não, o Aragão é careta! Dá um guaraná porque ele veio só pra tocar violão." Na descida do morro, sem entender o que tinha acontecido direito, Jorge descobre que estava dentro de uma boca de fumo.

"Eu sempre estive no meio do samba, em meio a um monte de malucos. Era curioso, porque eu era o único que não bebia, mas vivia com aquela turma de um lado para o outro. E, claro, vez por outra, me metia nessas roubadas sem querer. Eu não ligava muito porque eu era jovem e estava feliz, vivendo aquele ambiente musical tão intensamente quanto os outros, sem precisar usar nada."

Não é segredo para ninguém que, na década de 1980, polícia e bandido frequentavam os mesmos pagodes. Havia uma espécie de trégua entre morro e asfalto. A polícia quase não subia e fazia vista grossa para a movimentação nas favelas. E os bandidos, por sua vez, faziam seus negócios, as leis dos morros e a vida seguia.

Era comum ver, em mesas vizinhas, traficantes como Meio Quilo, Escadinha e delegados de polícia. Esse "pacto" termina quando as facções criminosas começam uma briga territorial, invadindo domínios alheios, redefinindo geograficamente o poder do tráfico. Mesmo se tratando de bandidos, antes da carnificina que até hoje prevalece nas comunidades pobres, havia um mínimo de respeito. O traficante era cria do morro, conhecia todo mundo e se travestia como uma espécie de "benfeitor".

As associações, na maioria das vezes, eram um braço institucional dessa relação com os moradores. Por isso, eram elas que cuidavam da logística de shows, quase sempre bancados por traficantes.

Jorge perdeu a conta de quantas vezes subiu os morros cariocas. E mais, de quantas vezes tirou fotos abraçado com gente que ele nunca viu na vida. "Eu sempre ia para casa pensando que, a qualquer hora, iria surgiu uma foto minha no jornal abraçando algum traficante. Logo eu, que não bebo, não fumo e não cheiro. Primeiro que eu nunca soube quem era bandido e quem não era. E, depois, mesmo que eu soubesse, não teria como recusar. Se eu dissesse: 'Não vou fazer foto com a sua esposa e seus filhos porque você é bandido' nem estaria vivo para contar esta história", diz Jorge. "Mas, na maioria das vezes não vi nenhuma arma, havia um respeito, eram outros tempos."

A lembrança mais forte que o artista tem desses outros tempos é da recepção que "Malandro" tinha nos morros. "Era só eu começar a cantar que vinha o barulho de tiro. Onde quer que eu estivesse me apresentando, quando chegava no 'Você tá sabendo que o Zeca morreu, por conta de brigas que teve com a lei' o tiro comia solto. Eu ficava olhando pro alto, achava que ia cair uma bala daquelas na minha cabeça... Eu morria de medo."

O fato é que os sambistas, de uma forma geral, viviam esse ambiente pelas próprias raízes sociais. Assim como a maioria dos jogadores de futebol, nossos compositores populares vieram de camadas pobres da população, que notadamente possuíam caminhos opostos e possíveis de ascensão: o do crime e o da lei.

Dentro do samba mesmo, muitos artistas eram policiais, como Antônio Candeia Filho, o Candeia; Luverci, parceiro fiel de Almir Guineto; e o nosso velho conhecido Neoci. Reformado na Polícia Militar, o grande amigo de Jorge Aragão bem poderia estar naquela viela escura no dia em que o sambista se viu acuado e foi salvo pelas mulheres. Mas ser policial para ele foi apenas uma contingência da vida. Neoci gostava mesmo era de tomar conta da quadra do Cacique de Ramos. Era ali que ele mandava prender e soltar.

Encrenqueiro, falador, esporrento, malandro. Esses são os adjetivos que os amigos repetem ao falar de Neoci. Para se ter uma ideia da moral do sambista, se alguém ousasse se intrometer na roda para cantar samba-enredo, ele mandava parar o som e esculhambava a pessoa, independente de quem fosse.

Segundo a mulher de Neoci, Vitória, a vida do marido era dedicada, quase que exclusivamente, ao samba e à boemia: "Ele saía na sexta-feira e só voltava três dias depois, não tinha jeito. E mesmo assim, chegava, trocava de roupa e ia para o Cacique de Ramos cozinhar para a turma da pelada que rolava na segunda-feira."

Em 1998, aos 58 anos, o grande amigo de Jorge Aragão sai de cena. Não sem antes, internado, convencer as enfermeiras a comprar uma feijoada para não subir de barriga vazia. Esse percussionista boa praça, falador, que ignorava portas fechadas, foi um legítimo comandante do Cacique de Ramos nos áureos tempos. O compositor, que gostava mesmo era de mostrar as músicas dos amigos, deixou cerca de 60 sambas, alguns ainda inéditos. Três deles foram gravados por Jorge Aragão no disco *Tocando o Samba*, de 1999: "Chá de louro", com Pelado; "Devaneios de um compositor", com Dida; e "Quero ver cumprir", com Dida e Aragão, o trio de "Vou festejar". Mas a grande, a gigantesca homenagem feita por Jorge Aragão, em parceria com Sombrinha, foi "Alma de irmão", um samba de Jorge pouco conhecido, mas uma obra-prima sensível e comovente.

Foto de divulgação do álbum Tocando o Samba, de 1998. (Foto: Marco A. Afonso)

*Alma de irmão
Faz teu papel
Vai se alojar nos jardins do céu
Ergue tua voz
Zela por nós enfim
Você não morreu
Só se escondeu de mim*

O terceiro disco pela Indie, mais um lançado a contragosto de Líber Gadelha, é um dos melhores da discografia de Jorge Aragão. Em busca da sonoridade dos discos de Roberto Ribeiro, dos anos 1970 e 1980, o sambista convidou Geraldo Vespar para fazer arranjos e regências.

O grande sucesso do disco foi "Moleque atrevido", que havia sido gravado no ano anterior pelo grupo Exaltasamba. Aos 50 anos, Jorge fazia um balanço da sua vida. Um balanço favorável para quem passou a infância vizinho à pobreza, em Padre Miguel, para quem soube aproveitar o próprio talento e as oportunidades que a vida ofereceu. A letra desse samba-manifesto diz muito sobre aquele momento do nosso personagem:

*Também somos linha de frente de toda essa história
Nós somos do tempo do samba sem grana, sem glória
Não se discute talento, mas seu argumento, me faça
o favor...
Respeite que pôde chegar onde a gente chegou.*

CAPÍTULO 21

ÁLBUNS AO VIVO

(1999, 2000, 2002, 2004)

JORGE ARAGÃO
AO VIVO 1 (1999)

Gravadora: Indie Records | **Produtores:** Jorge Aragão e Líber Gadelha | **Projeto Gráfico:** Ana Lúcia Carvalho | **Fotos:** Jorge Rosenberg

1. **COISA DE PELE**
(Acyr Marques / Jorge Aragão)
2. **ALVARÁ**
(Jorge Aragão)
3. **LOUCURAS DE UMA PAIXÃO**
(Mauro Diniz / Ratinho)
4. **ENREDO DO MEU SAMBA**
(Dona Ivone Lara / Jorge Aragão)
5. **IDENTIDADE**
(Jorge Aragão)
6. **TAPE DECK**
(Jorge Aragão)
7. **PONTA DE DOR**
(Jorge Aragão)
8. **FEITIÇO DE PAIXÃO**
(Paulo Onça / Paulinho Carvalho)
9. **COLCHA DE ALGODÃO**
(Nelson Rufino / Jorge Aragão)
10. **CABELO PIXAIM**
(Jotabê / Jorge Aragão)
11. **AMOR ESTOU SOFRENDO**
(Flávio Cardoso / Jorge Aragão)

QUE NEM IOIÔ
(Flávio Cardoso / Jorge Aragão)

DOCE INIMIGO
(Jorge Aragão)

DO FUNDO DO NOSSO QUINTAL
(Alberto Souza / Jorge Aragão)

AVE MARIA
(Gounod)

JORGE ARAGÃO
AO VIVO 2 (2000)

Gravadora: Indie Records | **Produtores:** Jorge Aragão e Líber Gadelha | **Projeto Gráfico:** Ana Lúcia Carvalho e Eduardo FA. Santos | **Fotos:** Cristina Granato

1. **EU E VOCÊ SEMPRE**
   (Flávio Cardoso / Jorge Aragão)
2. **PAPEL DE PÃO**
   (Cristiano Fagundes)
3. **JÁ É**
   (Flávio Cardoso / Jorge Aragão)
4. **LOGO AGORA**
   (Jotabê / Jorge Aragão)
5. **SÓ POR UM MOMENTO**
   (Jorge Aragão)
6. **REFLEXÃO**
   (Luiz Carlos da Vila / Jorge Aragão)
7. **MALANDRO**
   (Jotabê / Jorge Aragão)
8. **PT SAUDAÇÕES**
   (Paulinho Rezende / Jorge Aragão)
9. **TERMINA AQUI**
   (Arlindo Cruz / Ratinho / Zeca Pagodinho)
10. **RESTO DE ESPERANÇA**
    (Dedé da Portela / Jorge Aragão)
11. **VOU CUIDAR DE MIM**
    (Jorge Aragão)
12. **AMOR NÃO É POR AÍ**
    (Arlindo Cruz / Sombrinha / Cléber Augusto)
13. **SANGUINÉ (PELOURINHO)**
    (Jorge Aragão)
14. **COISINHA DO PAI**
    (Almir Guineto/ Luiz Carlos / Jorge Aragão)

VOU FESTEJAR
(Jorge Aragão / Dida / Neoci)

O ENREDO DE UM SAMBA

JORGE ARAGÃO
AO VIVO - CONVIDA (2002)

Gravadora: Indie Records | **Produtores:** Jorge Aragão e Líber Gadelha | **Projeto Gráfico:** Eduardo FA. Santos | **Fotos:** Guto Costa

1. **ÁRIA CANTILENA Nº1 DAS BACHIANAS BRASILEIRAS Nº5**
(Heitor Villa-Lobos)
2. **MOLEQUE ATREVIDO**
(Jorge Aragão / Flávio Cardoso / Paulinho Rezende)
3. **MALANDRO**
(Jorge Aragão / Jotabê)
4. **MUTIRÃO DE AMOR**
(Jorge Aragão / Sombrinha / Zeca Pagodinho)
5. **ENCONTRO DAS ÁGUAS**
(Jorge Vercillo / Jota Maranhão)
6. **LUCIDEZ**
(Jorge Aragão / Cléber Augusto)
7. **ENREDO DO MEU SAMBA**
(Dona Ivone Lara / Jorge Aragão)
8. **COISINHA DO PAI**
(Jorge Aragão / Almir Guineto / Luiz Carlos)

- **VOU FESTEJAR**
(Jorge Aragão / Neoci / Dida)
9. **ONTEM**
(Jorge Aragão)
10. **AVE MARIA**
(Gounod)
11. **ESPELHOS D´ÁGUA**
(Dalto / Claudio Rabello)
12. **EU E VOCÊ SEMPRE**
(Jorge Aragão / Flávio Cardoso)
13. **DEVAGAR MIUDINHO**
(Paulinho da Viola)
- **CASA DE BAMBA**
(Martinho da Vila)
14. **FALSA CONSIDERAÇÃO**
(Eros Fidelis / Liebert / Marquinhos Satã)
15. **DO FUNDO DO NOSSO QUINTAL**
(Jorge Aragão / Alberto Souza)

JORGE ARAGÃO
AO VIVO 3 (2004)

Gravadora: Indie Records | **Produtores:** Jorge Aragão e Julinho Teixeira | **Projeto Gráfico:** Eduardo FA. Santos | **Fotos:** Afonso Marco

1. **NOVOS TEMPOS**
(Jorge Aragão)
2. **QUINTAL DO CÉU**
(Wilson Moreira / Jorge Aragão)
3. **AMOR À PRIMEIRA VISTA**
(Flavio Cardoso / Picolé)
4. **NA RUA, NA CHUVA, NA FAZENDA (CASINHA DE SAPÊ)**
(Hyldon)
5. **TENDÊNCIA**
(Dona Ivone Lara / Jorge Aragão)
6. **DE SAMPA A SÃO LUÍS**
(Jorge Aragão / Paulo César Feital / Flavio Cardoso)
7. **O NEGÓCIO É AMAR**
(Carlos Lyra / Dolores Duran)
8. **LOGO AGORA**
(Jorge Aragão / Jotabê)

VOCÊ ABUSOU
(Antônio Carlos / Jocafi)
SEDE
(Jorge Aragão)
PONTA DE DOR
(Jorge Aragão / Sombrinha)
VENDI MEU PEIXE
(Carlito Cavalcante / Marquinho PQD)
ESTRELA DE MADUREIRA
(Acyr Pimentel / Cardoso)
RESTO DE ESPERANÇA
(Jorge Aragão / Dedé da Portela)
CONSELHO
(Adílson Bispo / Zé Roberto)
DO FUNDO DO NOSSO QUINTAL
(Jorge Aragão / Alberto Souza)

Capítulo 21
ÁLBUNS AO VIVO (1999, 2000, 2002 E 2004)

Comprei um tape deck
O nome é esquisito, mas dizem que é bom
Convidei os mano black
Que gostam de rap
De samba do bom pra inauguração
O fio do plug era azul, branco e bordô
Meu cabelo arrepiou quando vi tanto botão
Liguei o cassete no cabo da Internet
Usei mais de trinta cotonetes só pra limpar o visor

("Tape deck" / Jorge Aragão)

Numa das primeiras entrevistas que fiz com Jorge Aragão, percebi que ele tinha um PlayStation, o famoso videogame da Sony. Perguntei a ele qual era o seu jogo predileto. Ele respondeu que só jogava *GTA*. A sigla se refere ao *Grand Theft Auto*, um jogo muito popular e politicamente incorreto, em que o jogador é um bandido que se mete com mafiosos de várias nacionalidades, mata outros meliantes, atropela velhinhas, rouba carros e vive às turras com a polícia.

O percussionista Ovídio Brito, Martinho da Vila e Jorge, no Butiquim do Martinho, em 2000. (Fotos: William Nery)

Achei curioso, nunca imaginei aquela figura bonachona curtindo uma coisa dessas. Mas, vendo a minha curiosidade, ele explicou que na verdade não tinha a preocupação em cumprir missões, passar de fase, ou seja, jogar o jogo. Ele gostava mesmo era de pegar um carro qualquer para ouvir a música que estava tocando no rádio.

Explico. O *GTA* se passa em cidades fictícias, mas que remetem a alguma época real. Por exemplo, o *Vice City*, lançado em 2002, se passa numa cidade americana no ano de 1986. Então, os carros do jogo tocam as músicas americanas daquele período.

Mais tarde, eu iria perceber que, bem ao seu jeito, ele tinha um profundo interesse pela tecnologia. E isso o ajuda, hoje, em 2016, aos 67 anos, no contato com o mundo e, também, na sua produção artística. Caseiro, recluso, fechado com sua música, ele frequenta redes sociais, manda e recebe músicas por e-mail e sabe muitas das funções do seu telefone móvel.

"Tenho a sensação de que passei e passo pelo mundo na fase de mais mudanças. Vi a televisão aparecer, vi também ela ganhar cor. Ficava no meio da rua com um monte de crianças olhando do lado de fora da casa de um vizinho. Ele botava o aparelho de forma que pudéssemos assistir. Ele devia fazer isso de propósito, para tirar uma onda. Vivi no mundo em que o telefone se discava girando uma manivela, hoje tenho um celular que é computador, que filma. Vi também a entrada dos computadores no Brasil, pois trabalhei na IBM. Acho que o meu interesse vem dessa constatação, a de que eu tenho que aproveitar as coisas que surgem no mundo", reflete Jorge.

O nosso sambista tecnológico diz que "Papel de pão", um de seus grandes sucessos, de autoria de Cristiano Fagundes, o remete a esses devaneios. "Era isso, a gente escrevia um bilhete no papel de pão. Hoje essa música não seria feita porque a moça teria mandado um WhatsApp. Sou do tempo em que escrevíamos uma carta sabendo que iria demorar semanas para chegar.

Aí, de repente, alguém me disse que tinha um negócio chamado e-mail, que tinha um telefone que gravava, tirava fotos..."

Por sinal, uma das histórias mais curiosas que Jorge me contou foi a da aquisição do primeiro iPhone que se tem notícia no Brasil. Ele tinha lido em alguma revista sobre o lançamento da novidade da Apple e se interessou. Pouco tempo depois, um amigo, Tarcísio, que morava em Nova York, ligou. Ele estava vindo ao Brasil e queria saber se o sambista tinha alguma encomenda, algum equipamento musical.

"Disse a ele que o que eu queria era impossível, porque era um aparelho que estava surgindo nos Estados Unidos e que tinha filas enormes de americanos para comprar. Sabe-se lá como, talvez por algum conhecimento, ele conseguiu. Na madrugada do dia seguinte, eu já estava em São Paulo para pegar a minha encomenda. Desci no aeroporto de Guarulhos e fiquei lá esperando. Quando eu vi aquilo, abracei muito o Tarcísio, paguei e vim embora. Chegando em casa, comecei a abrir os aplicativos, a mexer, a girar, a apertar o visor. Fiquei doidão com aquilo."

Tão doidão que nem se incomodava quando os amigos zoavam dizendo que ele tinha um telefone que fazia tudo, mas não ligava. Realmente, por ser uma novidade, o iPhone ainda era bloqueado por aqui.

Acontece que, uma semana depois, surge a notícia de que uma pessoa havia conseguido, em São Paulo, desbloquear o aparelho. Nosso artista, então, consegue o contato do sujeito, que diz, ao telefone, que não dormia há três dias. Claro, a novidade de Steve Jobs já tinha chegado a várias empresas brasileiras e, nessa primeira leva, quer dizer, a segunda depois de Jorge Aragão, havia muita gente poderosa querendo fazer contato. Ou seja, o técnico pirata em iPhone não dormia, mas cobrava o valor que queria.

Para se ter uma ideia da insistência do interlocutor carioca, no dia seguinte ele estava em São Paulo, novamente. Quando

Jorge Aragão nos shows do disco Ao Vivo 1, de 1999. (Fotos: Marco A. Afonso)

fez sua primeira ligação, a reação de Jorge foi: "Ele fala mesmo!!!" Nada mais Jorge Aragão do que isso.

Por isso, é curioso saber da rejeição de Jorge Aragão ao projeto de discos ao vivo proposto por Líber Gadelha. A ideia era pertinente e consistia em fazer um registro em CD e DVD de parte de sua obra. Seria uma forma de associar a imagem do sambista ao seu repertório, aproveitando o moderno aparato tecnológico da Indie Records. A gravadora precisava firmar um catálogo para mais adiante fazer outros produtos como, por exemplo, coletâneas do autor. É bom lembrar que quase todos os seus sucessos eram dos tempos da RGE. Mas Jorge, como vimos, não estava nem um pouco preocupado em aparecer ou em ser reconhecido.

Depois de três discos organizados por Jorge, o contrato com a Indie havia acabado e Líber decidiu que era hora de tomar uma decisão: só renovaria o contrato com Jorge Aragão se ele topasse fazer também os discos ao vivo. E foi o que aconteceu. Afinal, Jorge, que de bobo não tem nada, aceitou a empreitada, que acabou sendo boa para todos os envolvidos.

Só os dois primeiros discos, o de 1999 e o de 2000, venderam juntos mais de três milhões de cópias, impulsionados pelo enorme sucesso da gravação de uma música religiosa: "Eu tinha ido num show do Jorge para umas cinco mil pessoas e, lá pelas tantas, todo mundo bêbado, vi aquele amontoado de gente parar na hora que ele solou a 'Ave Maria', de Gounod, naquele arranjo de samba. Pensei: 'Temos que gravar isso'", conta Líber.

Acontece que aquilo era um momento de introspecção e também uma homenagem à mãe, Dona Nair, que adorava essa música. Nos anos 60, a banda The Pop's se tornou muito popular com um repertório instrumental que misturava Roberto Carlos, *standards* da música americana e até canções folclóricas. Em um disco dedicado apenas ao repertório natalino, a última faixa era uma interpretação de "Ave Maria" pelo guitarrista João Augusto Cezar.

Jorge Aragão era fã da banda e do guitarrista, de quem imitava alguns solos, mas não se lembra dessa gravação. "Até gostaria que fosse uma homenagem, uma referência ao The Pop's, que eu curti muito, mas realmente não me lembro dessa gravação. Eu tocava essa música nos ensaios e depois levei para o show, como uma homenagem à minha mãe, que era muito religiosa", explica.

Só que Jorge não tinha a menor intenção de gravar aquele número. "Detestei a ideia de gravar, me recusei porque achava que não tinha nada a ver gravar uma música religiosa. Mas o Líber insistiu tanto que eu dei o braço a torcer."

E insistiu mesmo, até o último minuto. "Fechamos o teatro João Caetano para a gravação dos primeiros CD e DVD. Quando o show acabou ele não tinha tocado a 'Ave Maria'. Então dei a ordem para não acenderem as luzes. Fui no camarim e ele voltou e gravou", diz Líber.

O diretor artístico e sócio da Indie Records tinha certeza de que o projeto de discos ao vivo com Jorge Aragão daria certo, assim como daria certo, em 2002, o primeiro registro ao vivo de Alcione. "Eu já tinha descoberto que, na música, você não precisa ser o rei da afinação ou ter uma técnica impecável. Música é emoção. E o Jorge é um artista popular que tem paixão de sobra em suas letras e melodias. Ele transparece sinceridade no que canta. E, quando o primeiro disco foi lançado, eu vi as pessoas pararem nas lojas, em frente aos aparelhos de CD, prestando atenção naquela música. O sucesso foi instantâneo. De cara, vendemos mais de cem mil cópias por mês", lembra Líber.

A fórmula era simples, com o amontoado de sucessos que o sambista tinha, em sua voz e na de outros cantores, era só espalhar pelos discos de forma coerente, para manter uma dinâmica de show, com momentos de pressão, de batucada lá em cima e outros mais românticos. E Jorge tinha repertório para a sequência de fôlego que se seguiu.

O primeiro ao vivo, o da "Ave Maria", de 1999, tinha no repertório "Coisa de pele", "Alvará", "Enredo do meu samba", "Loucuras de uma paixão", "Ponta de dor, "Cabelo pixaim" e "Do fundo do nosso quintal". Então não tinha erro, se Jorge Aragão quisesse dar uma de Tim Maia e sair do palco por meia hora, era só a banda tocar que o coro da plateia segurava a onda.

O segundo CD, lançado no ano seguinte, foi outra pancada, no roteiro: "Logo agora", "Reflexão", "Malandro", "Papel de pão", "Resto de esperança", "Coisinha do pai" e "Vou festejar". Jorge já era, longe dos seus melhores sonhos, ou dos piores

JORGE ARAGÃO

pesadelos, um artista de fama nacional. Ninguém mais iria confundi-lo com Jorginho do Império, como acontecia com frequência até ganhar as rádios e as capas de jornais e revistas.

"Nunca levei a sério essa coisa de gerir uma carreira. Não tenho essa vaidade. Mas aconteceu e eu sentia muita falta de ficar em casa, entre quatro paredes, com minha música. A cer-

ta altura, eu comecei a ficar com medo que algo acontecesse com a minha família. A fama tem esse lado muito ruim", conta.

Na esteira do sucesso dos dois primeiros discos, Líber resolve manter a fórmula dos registros ao vivo e lança, em 2002, um disco em que Jorge Aragão recebe convidados. Três cantoras fundamentais na vida do sambista, Elza Soares, Beth Carvalho e Alcione, dividem vozes com Jorge em "Malandro", "Coisinha do pai", "Vou festejar" e "Enredo do meu samba". Leci Brandão, outra companheira de chão batido dos sambas da cidade, regrava "Do fundo do nosso quintal". Já Emílio Santiago relê "Espelhos d'água", sucesso de Dalto nos anos 1980. Da turma do Cacique, Zeca Pagodinho entra no "Mutirão de amor" e o Fundo de Quintal, com Martinho da Vila, canta "Devagar miudinho", de Paulinho da Viola, e "Casa de bamba", de Martinho. Meio fora de contexto, Jorge Vercillo acompanha o anfitrião na versão samba de "Encontro das águas". Mas a gravação da dupla fez muito sucesso. Os dois ficaram amigos e, anos depois, se reencontraram para fazer o projeto *Coisa de Jorge*, com outros dois xarás: Ben Jor e Mautner. De todos os discos ao vivo, esse é o mais óbvio, já que a maioria dos convidados cantou sambas de Aragão que já havia gravado antes. Vale apenas pelos encontros.

O quarto e último disco da sequência de gravações com plateia, lançado em 2004, foi gravado no Canecão. O repertório é vigoroso, com sambas como "Quintal do céu", "Tendência", "Ponta de dor", "Conselho", além de regravações de "Você abusou", de Antônio Carlos e Jocafi, e "Estrela de Madureira", samba-enredo de Acyr Pimentel e Cardoso, derrotado no Império Serrano, em 1975, e gravado por Roberto Ribeiro com muito sucesso.

O fato é que o então cinquentão Jorge Aragão encontrou um reconhecimento justo com essa sequência de discos. Mais que um sucesso comercial, a série dos "Ao vivo" uniu o cantor a seu repertório e tornou conhecida sua obra para o grande público.

CAPÍTULO
22

TODAS
(2001)

TODAS (2001)

Gravadora: Indie Records | **Produtor:** Jorge Aragão |
Projeto Gráfico: Ana Lúcia Carvalho e Eduardo FA. Santos | **Fotos:** Calé

1 **DOCE AMIZADE**
(Jorge Aragão)

2 **ABUSO DE PODER**
(Marquinho PQD / Carlito Cavalcante)

3 **É TANTA ESSA DOR**
(Jorge Aragão)

4 **VINGARÁ**
(Jorge Aragão)

5 **SIM**
(Flávio Cardoso / César Rodrigues)

6 **TEOR INVENDÁVEL**
(Jorge Aragão / Arlindo Cruz / Mário Sergio)

7 **VOCÊ ABUSOU**
(Antônio Carlos / Jocafi)

8 **HOT SAIA**
(Jorge Aragão)

9 **SAMBAÍ, PAPAI**
(Jorge Aragão / Flávio Cardoso)

10 **REDE VELHA**
(Jorge Aragão)

11 **O AMOR QUE EU GUARDEI**
(Rubens Gordinho / Tim Lopes)

12 **SER MARAVILHOSO**
(Jorge Aragão / Paulinho Rezende)

13 **HISTÓRIA DO BRASIL**
(Jorge Aragão / Nilton Barros)

14 **PEDACINHOS DO CÉU**
(Waldir Azevedo)

DELICADO
(Waldir Azevedo)

Capítulo 22
TODAS (2001)

No auge de sua popularidade por conta do enorme sucesso dos dois primeiros discos ao vivo, Jorge Aragão lança *Todas*, um trabalho de estúdio repleto de músicas inéditas. Isso fazia parte do acordo firmado com a Indie Records que resultou num contrato que beneficiava os dois lados. A gravadora estava para lá de satisfeita com as vendas e Jorge realizado por ganhar um bom dinheiro e ainda ter a possibilidade de continuar compondo e gravado sua obra. No entanto, a fama tem seu preço. E o sambista detestava tamanha visibilidade.

Assim como os muros da escola e do quartel, a fama, de alguma forma, oprimiu o reservado Jorge. A agenda de shows pelo país inteiro, a vida longe de casa e, principalmente, a falta de tempo para compor ou, simplesmente, não fazer nada, tiraram o artista de sua zona de conforto. É preciso lembrar que Jorge já tinha passado dos 50 anos e nunca foi um atleta para encarar a maratona de apresentações.

Ele dá mostras desse cansaço numa entrevista para o jornalista Silvio Essinger, do *Jornal do Brasil*, em 5 de setembro de 2001. A matéria tratava justamente do lançamento de *Todas*, no Canecão, em três shows. A manchete, por si só, já dizia tudo: "Chega de virar a noite".

Jorge Aragão
o Poeta do Samba

Nosso sambista comemorava a chegada do disco às lojas, juntamente com seus "irmãozinhos piratas", que já deviam estar circulando pelas imediações da Rua Uruguaiana, no Centro do Rio de Janeiro, paraíso da pirataria. Essinger chama Jorge Aragão de compositor, ressaltando que ele não gosta de ser chamado de cantor, mas não se furta de criar uma boa alcunha para o agora popular artista: o *superstar* do samba.

Mas a megaestrela, para desespero de Líber Gadelha, dizia, depois de quase dois milhões de discos vendidos, que queria mesmo era desacelerar, voltar à vida de antes da fama: "Agora é um não geral, estou com vontade de me aposentar, pelo menos dos shows. Foram muitos anos virando noite. Tenho 52 anos, mas um corpinho de 60 por causa dessa pauleira toda", reclamava Jorge, demonstrando preocupação com a saúde e lembrando que, já naquela época, tomava remédios para o controle da pressão duas vezes por dia.

De volta à realidade, ele dizia, em seguida, que não era bem assim, que ele não poderia parar naquele momento porque muita gente dependia dele. E era verdade. Sua mãe, Dona Nair, em 1995, havia tido dois AVCs seguidos e ficou, durante 14 anos, sem mover um músculo, se comunicando apenas pelo olhar. Jorge, então, comprou uma casa na Taquara, instalou um elevador e deu para a irmã, Ana Joventina, que se dispôs a administrar aquela situação. Jorge ficou responsável por todas as despesas médicas, contas e salários dos cuidadores.

"O Jorge sempre foi uma pessoa muito generosa, provavelmente por influência de nossa mãe, que cuidava de todo mundo que chegava perto. Como ele era ligado demais nela, provavelmente aprendeu a ser assim. E, por isso, muitas vezes as pessoas se aproveitaram dele", conta a irmã. "Nesse período que a vida melhorou, ele fez muita coisa boa por toda a família, ajudou a família da Fátima, mas também perdeu dinheiro investindo em alguns negócios que deram errado."

O ENREDO DE UM SAMBA

Jorge estava, na época da entrevista, em 2001, fazendo uma média de três shows por semana. Quando o primeiro disco ao vivo estourou, dois anos antes, chegou a fazer shows diários, às vezes mais de um. Mas ele via algo de bom na fama, além de poder ajudar a família e os amigos, era como se o assédio, de alguma forma, o obrigasse a ser uma pessoa mais social.

Lamentava não poder dar todos os autógrafos que pediam a ele – só durante a entrevista, Essinger contabilizou quatro investidas de fãs –, e afirmava que queria, ainda, usufruir das benesses de ser um sambista conhecido.

Porém, reclamava de ter que andar cercado de seguranças nos clubes onde se apresentava. Jorge, que sempre reclamou da vida de artista, admitia que havia redobrado os cuidados com as declarações e o visual. Naquele momento ele já tinha adotado seu clássico rabo de cavalo e os blazers: "Eu tinha cabelo *black* e comecei a pentear para traz para assumir de vez a careca. Não sou daqueles caras que fingem ter cabelo e ficam puxando para o lado", brincava.

O que deve ter irritado Líber, não sem alguma razão, foram as reclamações do seu contratado sobre os discos ao vivo. Primeiro, Jorge se mostrava chateado com sua gravadora anterior, a RGE, que, aproveitando a maré, lançou várias coletâneas de seus sucessos. Depois, disse ao repórter que considerava as gravações com público, fora o lado comercial, um desvio em sua carreira: "Mas minha vida toda não foi ao vivo. Agora tenho que voltar à minha caminhada normal."

Até hoje, o artista diz que não se adapta muito às séries de ações e às estratégias promocionais, apesar de compreender a importância delas: "Eu não queria fazer esse tipo de coisa. Os discos ao vivo foram importantes, mas me levaram para longe do meu lado autoral. Eu tenho que ficar solto, assim como vivo hoje. Eu preciso muito viver assim, ter essa inércia, estar quieto, de bobeira. Eu posso estar cheio de compromissos, mas preciso voltar pro meu canto. Eu gosto de acordar, olhar para o mar, sentir o vento bater no meu rosto e pegar o violão. É o meu tempo e até a minha família sabe que eu preciso disso."

Mas Líber não precisaria se preocupar com essas declarações, pois Jorge ainda se renderia a mais dois discos ao vivo. O presidente-produtor-empresário lembra que, na época que o sambista estourou, houve todo um trabalho de construção de sua imagem como artista.

Líber já era um profissional com senso de oportunidade, visão e criatividade de sobra. Dois anos antes de o mundo conhecer Jorge Aragão, ou seja, em 1997, ele havia descoberto uma pepita de ouro no repertório de um roqueiro. "Heloísa, mexe a cadeira", do tijucano Vinny, ganhou um remix e virou a música mais tocada nas rádios brasileiras, naquele ano, graças a uma ação inusitada de marketing.

"Nenhuma rádio queria tocar heavy metal, que era o que ele fazia. Fiz um remix daquela música e ele chorou ao ouvir. Não de felicidade, mas porque tinha detestado. E, de cara, ninguém quis tocar. Como eu era o presidente, o cara do marketing e da produção também, mandei fazer camisetas e bonés e falei para o pessoal dar um jeito de botar a música para rodar nos puteiros. Os DJs que botavam as músicas nos puteiros eram os mesmos que tocavam nas rádios. E quando a música começava, as meninas todas iam para a pista dançar. O Vinny ficou um mês em primeiro lugar das mais executadas", lembra Líber.

Jorge Aragão não chegou a frequentar as paradas das casas de saliência, mas também teve a seu favor a inteligência e o tino comercial de Líber.

"Hoje, por conta da queda das vendas de CDs e DVDs, as gravadoras contam com um departamento de shows e administram a agenda dos artistas. Naquela época, há quase 20 anos, isso não existia. Mas eu trabalhava pensando em tudo isso, nas várias frentes do artista. Então botei o Jorge Aragão nas mãos de um empresário que trabalhava comigo, o Paulo Saavedra. A lógica era simples: o Jorge precisava fazer muitos shows para divulgar o disco. Mas o show tinha que ser muito bem feito para ter repercussão e isso passou por um tratamento de imagem, pela banda, pelo roteiro, essas coisas..."

Líber lembra também que, se Jorge, dois anos depois, reclamava do cansaço, por outro lado não podia reclamar do dinheiro: "O show do Jorge Aragão custava R$ 1.500,00. Ele fazia três por noite. Quando nós estouramos, cada apresentação passou a custar R$ 50 mil."

Portanto, quando Jorge Aragão diz a Essinger, em 2001, que o CD *Todas* vinha cercado de cuidados e estratégias é porque já ouvia com atenção os diretores de sua gravadora e, mesmo contrariado, ajudava, da forma que podia, a cumprir a meta de vendas de 250 mil cópias, estabelecida pela gravadora.

Dentro dessas estratégias, apesar de o *release* distribuído aos jornalistas negar, estava a gravação de dois choros de Waldir Azevedo, "Pedacinhos do céu" e "Delicado". A intenção era clara de repetir o sucesso de "Ave Maria", puxando pelo inconsciente coletivo e, claro, pela beleza das músicas.

Outra ação de marketing era o lançamento do disco no Canecão, casa que se intitulava "o templo da música popular brasileira". E se isso era mesmo verdade, nosso Jorge Aragão merecia o seu lugar ali. Ele já tinha feito shows de abertura para o grupo Raça Negra e para Bezerra da Silva e, uma vez, por conta de um buraco na agenda da casa, ele fez uma apresentação, como ele mesmo diz na entrevista, "meia-boca". Dessa vez ele encheria por três dias o Canecão, mostrando que ser um dos artistas mais populares do país incluía ser admirado por todos os tipos de público.

O disco *Todas*, como o próprio nome sugere, traz um Jorge Aragão apontando em várias direções, cantando do xote "Rede velha" ao samba-rock "Hot saia", outra de sua autoria feita no estilo Jorge Ben Jor. Ele também corteja o samba de roda baiano na deliciosa "Samba aí, papai", parceria com Flávio Cardoso. Esse assina, ainda, "Sim", com César Rodrigues.

Mas é no samba romântico, sua vertente mais fértil, que se fundamenta o disco. "Doce amizade", que abre o álbum, tem a sua assinatura:

> *Paga pra ver*
> *Dizem que os dedos sentem sabor*
> *Quem vai saber...*
> *Santo, secreto, sagrado amor*

Já "Abuso de poder", de Marquinho PQD e Carlito Cavalcante, trata de uma pessoa dividida entre dois amores:

> *Eu disse a você que eu tinha um amor*
> *Quem foi que mandou você me desejar*
> *Também adorei o que você gostou*
> *A gente podia até continuar*
> *Mas só que você só me quer pra você*

Jorge Aragão assina sozinho "É tanta essa dor" e "Vingará", além das parcerias "Ser maravilhoso", com Paulinho Rezende, "História do Brasil", com Nilton Barros, e "Teor invendável", com Arlindo Cruz e Mário Sérgio.

O disco traz ainda a regravação de um velho sucesso da dupla Antônio Carlos e Jocafi, "Você abusou".

CAPÍTULO
23

DA NOITE PRO DIA (2003)

DA NOITE PRO DIA (2003)

Gravadora: Indie Records | **Produtores:** Jorge Aragão e Julinho Teixeira | **Projeto Gráfico:** Eduardo FA. Santos | **Fotos:** Manoel Guimarães

1. **SEDE**
   (Jorge Aragão)
2. **A CANÇÃO E O VENTO**
   (Marquinho PQD / Carlito Cavalcante)
3. **VENDI MEU PEIXE**
   (Marquinho PQD / Carlito Cavalcante)
4. **O CÉU NAS MÃOS**
   (Jorge Aragão) – Versão de Can't take my eyes off you (Bob Crewe / Bob Gaudio)
5. **O IRAQUE É AQUI**
   (Jorge Aragão)
6. **AMOR À PRIMEIRA VISTA**
   (Flávio Cardoso / Luiz Cláudio Picolé)
7. **VOLTA POR CIMA**
   (Paulo Vanzolini)
8. **UM DOM DE DEUS**
   (Neném Chama)
9. **DOBRADINHA LIGHT**
   (Jorge Aragão)
10. **AMARGO ANIS**
    (Jorge Aragão)
11. **O JOGO É LÁ**
    (Jorge Aragão)
12. **VEM AO MEU ENCONTRO**
    (Carlos Caetano / Adilson Gaveão)
13. **VALE A PENA OUVIR O NOVO**
    (Sombra e Aldir Blanc)
14. **CHUPANDO GELO**
    (Edésio Deda)
15. **CASTELO DE AREIA**
    (Walmir Lima / Roque Ferreira)
16. **COISA DE CHEFE**
    (Claudio Jorge)

Capítulo 23
DA NOITE PRO DIA (2003)

A ligação com o mundo virtual, curiosamente, faz com que Jorge Aragão se atualize com o mundo real, com a linguagem dos jovens e com os acontecimentos. Até na parte prática, pois, como sabemos, ele foi do tempo em que se escrevia bilhetes em papel de pão. Hoje, para o compositor não perder uma melodia ou uma letra inspirada, basta clicar no gravador do seu iPhone.

Foi através das redes sociais que ele descobriu, por exemplo, uma nova onomatopeia, uma tal de "hauashashahuhashau", que a garotada usava em troca de mensagens para debochar do outro, como uma risada sacana. E nessa mesma conversa, ele descobriu que uma menina beijar a outra, ficar com a amiga, fazer amor, fato bem natural nos dias de hoje, tinha nome também: envolvência. E tudo acabou em um samba inédito, "com uma pegada de velha guarda", como define o autor:

Amor, não me leve a mal
Hoje a fila andou
Eu misturei sabor
Beijei e coisa e tal

Andou, a fila andou
Mas não estou legal do jeito que eu sou
Meu nó não desatou
Pior, fiquei no sal
Quando você escreveu hauashashahuhashau
Meu fondue virou mingau
Fiquei que nem bacuri no quintal
Haja convivência para entender toda a envolvência
Se não for traído e traidor

Jorge reconhece: "Eu realmente busco me atualizar e saber como as pessoas falam. Já que eu não saio tanto de casa, não gosto muito de ver televisão, o computador é a minha porta para o mundo."

Jorge Aragão, após um show, posa com o boxeador Acelino Popó Freitas. (Foto: Murillo Tinoco)

Jorge Aragão é, realmente, uma figura sem similares no meio do samba. Não à toa, matérias sobre ele têm sempre títulos que marcam essa característica: "Um estranho em novo ninho", "Anti-herói do pagode", "*Superstar* do samba". E o sambista, em sua sinceridade, nunca fez questão de ser igual a ninguém mesmo.

Se há no samba, entre as mulheres, alguém com quem ele possa ser comparado, esse alguém é Alcione. Não pela sua qualidade vocal, claro, porque aí não dá para ninguém, mas por não se ater apenas ao rótulo de sambista? Aragão compõe e canta o que quer e não se furta de usar teclados, bateria, guitarra e cordas. E mais, não tem muita paciência para cerceamentos.

Se a Marrom é cobrada pelos puristas por ter deixado de cantar apenas sambas – o que faz divinamente –, Aragão não está nem um pouco preocupado se vão reclamar dele regravar, em ritmo de samba, "Lua e estrela" e "Na rua na chuva, na fazenda", ou criar uma versão para "Can't take my eyes off you". O que para alguns pode parecer oportunismo, para eles é a verdade.

No lançamento do seu disco *Da Noite pro Dia*, em uma entrevista à jornalista Helena Aragão, do *Jornal do Brasil*, em 2003, ele demonstrava um misto de irritação e desprezo com esse tipo de crítica. "De onde eu vim, nunca foi pecado usar teclados e cordas. Apesar de ser de Padre Miguel, não vim de escola de samba. Participei de muita roda, fiz parte do Fundo de Quintal, mas nunca fiz arranjo só de banjo, cavaco e tantan. Aprendi mesmo ouvindo seresta, baile e orquestra. Se eu for falar de estereótipo, sou o antissambista", dizia Jorge Aragão, que, durante oito anos, foi comentarista de carnaval da Rede Globo.

Com relação às canções que a repórter chama de "inusitadas", citando a "Ave Maria", de Gounod, como um grande exemplo, Jorge se defende: "Nos últimos 15 anos, gravei 'Smile', de Chaplin, e 'Lua e estrela', do Vinícius Cantuária – que eu cantei muito na noite –, em ritmo de samba. Quem não gosta, tudo bem, mas não venha me dizer que só faço agora para ganhar dinheiro."

E, por fim, rejeita o rótulo de sambista de raiz: "Como diz a música de Cláudio Jorge, que fecha o disco, 'Coisa de Chefe', o samba é minha raiz. O que não quer dizer que eu seja 'de raiz', rótulo que adoram e eu dispenso."

O antissambista, avesso às badalações, passou, é claro, por situações curiosas. Uma delas aconteceu no aeroporto de Guarulhos, em São Paulo. Jorge saboreava uma comida japonesa, distraído, em um restaurante perto da escada rolante, enquanto esperava pela conexão para alguma cidade que sua memória esqueceu. Péssimo fisionomista, pouco afeito a festas e sem nenhum entusiasmo por televisão, ele, obviamente, não reconheceu o sujeito que estava do outro lado, no balcão. Com um chope na mão, Chorão, vocalista da banda de rock Charlie Brown Jr., que faleceu em 2013, se aproximou e iniciou uma conversa rápida, sem pé nem cabeça:

– Posso falar com você? – perguntou o roqueiro.

– Claro, meu filho, por quê não? – respondeu o sambista.

– Não fala pra ninguém, mas eu te vi aqui e, sei lá, estou meio maluco e não iria sossegar se eu não viesse te dar um abraço, falar contigo – confessou Chorão, já indo de volta para o balcão, deixando Jorge atônito.

Hoje, anos depois, o sambista diz que esse é um lado bom da fama: "Do jeito dele, nos termos dele, quis dizer que gostava de mim. Não sei se da minha música, mas, certamente, de mim. Esse tipo de situação ocorreu a minha vida inteira, com pessoas conhecidas ou não."

Em outra ocasião, numa edição do Prêmio da Música Brasileira, Jorge passou por, em suas palavras, "momentos de pavor". Theatro Municipal lotado, o sambista vai procurando visualmente o seu lugar. Quando vê uma cadeira vazia ao lado de Lulu Santos, ele gela.

Haviam contado para Jorge uma história complicada sobre o temperamento difícil do cantor que, dias antes, teria tido um problema com fãs.

Verdade ou não, o fato é que o tímido e simpático Jorge ficou sem ação: "Eu fiquei arrepiado, não acreditava naquela situação. Fui contando as filas, as cadeiras... Chegando perto, eu vi o Lulu e um lugar vazio ao lado. Eu ia e voltava, atrapalhando as pessoas que estavam no corredor central. Pensei: 'Meu Deus, vou sentar do lado do Lulu Santos.'"

Já bastante inquieto, fingindo estar perdido, o sambista demorou alguns minutos para ter coragem de sentar, mas não teve jeito. Uma das recepcionistas, vendo aquele personagem na contramão do fluxo, foi, para seu desespero, socorrê-lo. "Ela falou: 'É esta fila aqui', e me levou. Pedi licença para as pessoas e, quando fui me sentar, o Lulu levantou. Pensei: 'Pronto, vai reclamar que botaram ele ao lado de um negão do samba.' Mas ele interrompeu meus pensamentos: 'Olha só, não senta agora. Posso te dar um abraço? Tem que respeitar o samba.' Aí ele me quebrou."

Era assim, trafegando sem nenhuma desenvoltura, que Jorge Aragão evoluía em meio ao estrelato. Tudo compreensível, levando-se em conta que ele nunca havia ansiado por aquilo, que não tinha se preparado ou sido criado por algum produtor para aquela situação. Ele estava apenas sendo ele mesmo, vendo as coisas com curiosidade, louco para voltar para o seu quadrado que, definitivamente, não era o das celebridades.

Quando entrou em estúdio para gravar *Da Noite pro Dia*, em 2003, ele ainda se recuperava de uma cirurgia delicada para a colocação de três pontes de safena e outra mamária, ocorrida em dezembro de 2002, no Hospital da Ordem Terceira da Penitência, na Tijuca. O disco mantém o padrão dos anteriores, mas traz um Jorge mais leve, talvez aliviado por estar vivo, por poder continuar levando sua música e alegria para os quatro cantos do país. Com 16 faixas, traça um grande painel das várias possibilidades que o artista sempre explorou em sua carreira.

Sem o menor pudor, escancarou nos arranjos de cordas em contraponto às percussões – aqui vale o registro da participação do antigo produtor Milton Manhães, no ritmo –; misturou o samba romântico, marca registrada, com o funk; e jogou no mesmo caldeirão coco e partido-alto. E mais, fez sua versão para "Can't take my eyes off you" e regravou o clássico "Volta por cima", de Paulo Vanzolini.

Uma das faixas mais curiosas do disco, "Dobradinha light", um samba-rap, se é que isso existe, sintetiza bem a cabeça do compositor:

> *Por exemplo, queria entender por que samba*
> *não se diz que é MPB*
> *Imagina Skank e Caetano brigando, me convidando pro CD*
> *Sou desse jeito, defeito de fábrica, deixo quem quiser que me detone*
> *Talvez, no fundo, não sei, não sei se lá no fundo*
> *Vão mandar pichar meu nome*
> *Com talento e um pouco de sorte, saúde*
> *Meu velho, eu tiro onda, não vivo à sombra*

O repertório romântico vem muito bem representado pelos dois sambas que abrem o disco: "Sede", de sua autoria, e "A canção e o vento", uma bela composição da recorrente dupla Carlito Cavalcante e Marquinho PQD. Os dois são responsáveis também por "Vendi meu peixe", um sambão com mais cara de Zeca Pagodinho do que de Jorge Aragão. Não pelo intérprete, que também se vira muito bem num sincopado, mas na temática boêmia:

Eu não tô com bala pra sair com a Chica
Pra sair com a Chica tem que estar sarado
Eu tô mal dormido, mal alimentado
Tomei um negócio, tô meio chapado
Mas eu disse à Chica tudo que eu queria
Tirei uma onda de apaixonado
Eu não ando bem com a Dona Maria
Falta mixaria pra eu sair ralado

Jorge, que já havia gravado e composto forrós em discos anteriores, dessa vez regrava um coco de 1964, "Chupando gelo", de Edésio Deda, um clássico gravado originalmente pelo Trio Nordestino:

Filho, tu tá comendo vidro?
Não pai, eu tô chupando pedra d'água

Três sambas, no entanto, chamam a atenção em *Da Noite pro Dia*. O já citado "Coisa de chefe", de Cláudio Jorge, violonista que acompanhou Jorge Aragão em boa parte de seus discos; "Castelo de areia", dos baianos Walmir Lima e Roque Ferreira; e "Vale a pena ouvir o novo", de Sombra e Aldir Blanc, uma pérola do bom humor:

Foi assim: na abertura teve música e o maior amor
Mas no meio do caminho a trama complicou
Uma rival pintou com um leva e traz
Que eu tinha outra e não te amava mais
Que nos flagrou bebendo em Niterói
Essa é a parte que mais me dói
Fosse por aqui... vai lá

CAPÍTULO
24

E AÍ? (2006)

E AÍ? (2006)

Gravadora: Indie Records | **Produtores:** Jorge Aragão, Julinho Teixeira e David Corcos | **Projeto Gráfico:** Telma Ribeiro | **Fotos:** Levindo Carneiro

1. **SEM DÚVIDA NEM DÚVIDA**
   (Jorge Aragão)
2. **DISCIPLINA**
   (Serginho Meriti / Frank Daiello)
3. **À SOMBRA DA AMENDOEIRA**
   (Jorge Aragão / Jorge Portugal / Roberto Mendes)
4. **ADEPTO DO SAMBA SINCOPADO**
   (Jorge Aragão)
5. **AGITAR GERAL**
   (Sombrinha / Jorge Cardoso)
6. **E A VIDA MUDOU**
   (Jorge Aragão / Xande de Pilares / Mauro Júnior)
7. **NINGUÉM É PERFEITO**
   (André Renato / Luiz Cláudio Picolé)
8. **PARTIDO-ALTO**
   (Chico Buarque)
9. **MALACO**
   (Alcino Corrêa / Marcio Vanderlei)
10. **EMOÇÃO SINCERA**
    (Sombra)
11. **RETRATO DA DESILUSÃO**
    (Monarco / Mauro Diniz)
12. **A VIDA É RÁPIDA**
    (Jorge Aragão)
13. **NÃO É SEGREDO**
    (Jorge Aragão / Flávio Cardoso)
14. **MANÉ JOÃO**
    (Roberto Carlos / Erasmo Carlos)

Capítulo 24
E AÍ? (2006)

Se um ano antes de gravar *Da Noite pro Dia* Jorge Aragão havia sofrido um contratempo em seu coração cheio de romantismo, em 2005 foi o coração de Líber Gadelha que baqueou. Ele chegou a passar setenta dias em coma. Ou seja, o diretor artístico da Indie Records, o cérebro e a alma da gravadora, o produtor visionário teve que se afastar por três meses. Afastamento esse que se tornaria definitivo pouco tempo depois. No ano seguinte, em 2006, quando entrou em estúdio para gravar *E Aí?*, o sambista já não contava com a presença firme da pessoa que o ajudou a se tornar um dos maiores vendedores de discos do país. Essa separação forçada seria definitiva para os rumos que as duas vidas, que andaram por um fio, tomariam a partir daquele instante.

Líber conta que, quando voltou à gravadora, ainda em período de recuperação, "se arrastando", ao chegar em sua sala, encontrou outro executivo sentado em sua cadeira. Sem forças para brigar pelo espaço que era, por merecimento, seu, acabou saindo e, depois de um tempo, abrindo sua própria gravadora, a LGK.

"Quando eu vi que a coisa não estava mais como era antes, eu pedi a rescisão contratual e saí. Fundei a LGK, mesmo muito doente. Fiquei surpreso com o ocorrido, porque na época eu era muito idealista, não estava preocupado em ter o melhor carro do ano. Tive uma proposta genial do José Eboli (então presidente da Sony) para ser o vice-presidente da gravadora. O Luiz Oscar Niemeyer queria que eu fosse para a BMG. Eu ganhava muito menos onde estava, só não saí porque fui eu que criei a Indie. Minha filha (Luiza Possi) estava lá e, principalmente, todos os artistas da gravadora confiavam em mim. E o que aconteceu quando eu saí? Nada. Não lançaram um disco, não fizeram porra nenhuma", conta Líber. Mais uma prova do seu instinto comercial foi o fato de ter achado na LGK um concorrente de peso para o padre Marcelo Rossi, a outra mina de fé, Fábio de Melo. Mais dois milhões de discos vendidos. Vida que segue.

Mas e Jorge Aragão? Bem, esse, sem o mago das vendas, fez um grande disco, o último seu na Indie, e, até o presente momento (2016), o trabalho mais recente de carreira. *E Aí?* parece um título premonitório dos caminhos que sua vida seguiria a partir do fim da relação com Líber e, consequentemente, com a gravadora que, como o ex-diretor artístico bem disse, muito pouco, ou quase nada, fez desde então.

Sem a influência de Líber, Jorge fez o seu CD mais voltado para o samba autêntico, de raiz ou como se queira chamar, desde os tempos da RGE. Nada de teclados e cordas. Julinho Teixeira caprichou nos arranjos, botando a percussão na frente, dando ênfase ao violão e ao cavaquinho. O complemento dos sopros entra com elegância. Jorge, em entrevista ao jornal *O Dia*, define o disco como sendo "para deixar tocando no quintal, enquanto não sai o churrasco".

De cara, ele manda o recado no partido-alto "Sem dívida nem dúvida", separando o joio do trigo do samba, perguntando no refrão: "É galinha ou garnizé?". A faixa conta com a participação do grande versador Marquinho China, da sua turma do Cacique de Ramos, e ainda, de quebra, homenageia a mãe, Dona Nair:

> Nao é mais como antigamente
> Naná retornava imponente
> Seu troféu amarrado pelos pés
> De cabeça pra baixo
> Com poucos mil-reís
>
> Quando ela vinha da feira
> Já dava pros nego bebericar
> Só no calor da fogueira
> O cheiro do refogado
> Alho, coentro acebolado,
> De todo o tempero a mulher
> Nair, Nair, Nair
> Nunca comprou nada trocado
> Hoje em dia vem tudo embalado
> Quase não se sabe o que é

Já em "Disciplina", de Serginho Meriti, Jorge Aragão canta sua própria filosofia de vida:

> Você pode achar que tá devagar
> Mas na calma a gente vai chegar lá
> Pra quem sai em busca da perfeição
> A pressa não é boa companheira, não
> Cada um tem o seu jeito
> Nem todos têm a mesma condição
> Nem sempre já nasce feito
> Às vezes precisa de um empurrão

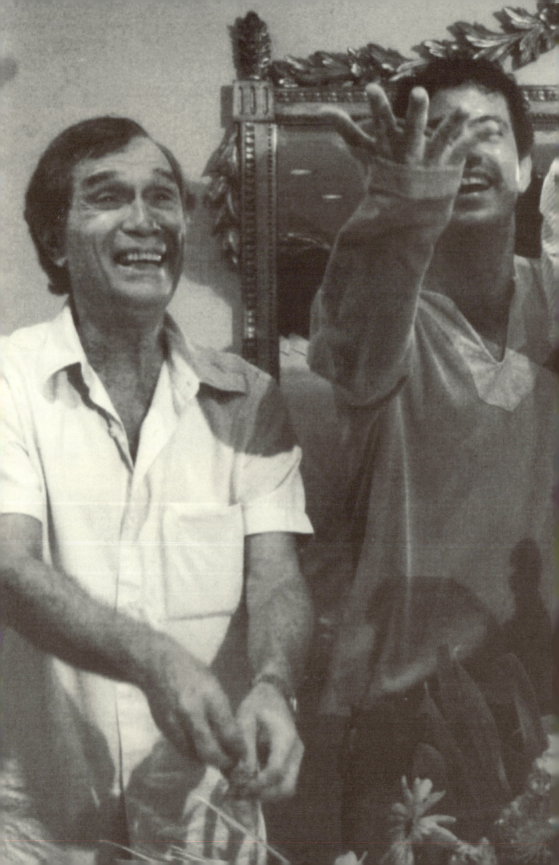

Os Jorges: Mautner, Vercillo, Aragão e Ben Jor.

JORGE ARAGÃO

Tem samba pra todos os gostos. Samba de roda em "À sombra da amendoeira", parceria com Jorge Portugal e Roberto Mendes; quebradeira em "Adepto do samba sincopado", de Aragão; empolgação caciqueana em "Agitar geral", de Sombrinha e Jorge Cardoso; e, claro, ótimos sambas românticos como "E a vida mudou", da safra do sambista com Xande de Pilares e Mauro Jr., e "Emoção sincera", de Sombra.

Recheado de bons compositores, *E Aí?* tem sambas dignos de qualquer antologia como "Retrato da desilusão", de Monarco e Mauro Diniz, e regravações de "Partido-alto", de Chico Buarque, e "Mané João", de Roberto Carlos e Erasmo.

Mas, aproveitando o mote do nome do disco, e aí? perguntamos nós, que estamos acompanhando a saga desse antissambista, desse personagem ímpar da música brasileira. O que fez Jorge Aragão nesses últimos dez anos? A resposta é simples, ele voltou para lugar de onde não queria ter saído, para o seu quadrado, para o seu mundo particular. Fugiu da rotina de *superstar* do samba, mesmo sendo, por mais que não queira, uma estrela grandiosa do melhor do nosso cancioneiro. E da matriz de tudo isso, o samba.

Como já disse antes, vive em um *flat* na Barra da Tijuca, tem a rotina que sempre sonhou e faz grandes shows país afora. Em 2007, dividiu o palco com seus xarás Ben Jor, Vercillo e Mautner no show *Coisa de Jorge*, na Praia de Copacabana, que virou CD e DVD.

Desde que a Indie surgiu em sua vida, em 1997, Jorge Aragão, o sensível poeta, conseguiu realizar sua maior (re)composição: se reaproximar dos grandes amores de sua vida, as filhas Vânia "Coisinha do pai" e Tânia "Claridade" Aragão.

Quando ainda faltava escrever uns três capítulos para o fim da nossa epopeia, decidi assistir a um show de Jorge Aragão com o Fundo de Quintal, em uma casa na Barra da Tijuca. O prazo era curto para o término do livro, mas não poderia chegar ao ponto final sem vê-lo em cena. Já tinha, profissionalmente, assistido a uma apresentação do sambista, no auge dos discos ao vivo, no mesmo lugar. Mas, assim, se passaram quinze anos...

Nossa relação, que se construiu lentamente – eu respeitoso, ele tímido e um pouco desconfiado no início –, foi, para mim, muito delicada. Portanto, depois de tentar, em vão, comprar ingressos pela internet, um tanto sem graça, mandei uma mensagem: "Você não vai chamar o seu biógrafo para o show?" A resposta foi bem no jeitão do amigo: "Tá no contrato, afinal, não é qualquer um que tem um biógrafo no currículo." No dia seguinte, sem saber se sua memória, deliciosamente falha, registrara nosso papo virtual, se ele deixaria meus convites na lista, tentei, novamente, e consegui adquirir os bilhetes pela internet.

Lá chegando, Marcela, minha namorada, encontrou um amigo, Pedrinho Salomão, responsável pela cobertura dos bastidores da gravação do DVD do artista, parte integrante desse projeto *Sambabook*, que estava na mesa com as filhas de Jorge. Desde o início, queria desvendar o artista, sem me meter em sua vida pessoal, mas Pedrinho foi tão carinhoso ao falar do amor de Vânia e Tânia pelo pai que, não demorou muito, Marcela me convenceu de que eu não poderia dar um ponto final na minha história sem um depoimento das moças.

De fato, eu seria, no mínimo, leviano se deixasse fora da minha lista de entrevistados a dupla VT, Vânia e Tânia, como apelidou o poeta.

Eu tinha a equivocada impressão de que Jorge tinha sido um pai distante, omisso pelas contingências da vida e que, por isso, teria ficado afastado demais das filhas, frutos do casamento com Lindomar. De alguma forma, isso aconteceu, pelo simples fato de ele ser um artista, trabalhar noite após noite e, depois de um tempo, ter se separado da ex-mulher. Nada que não aconteça nas melhores famílias.

Da mesma forma que é diferente da maioria dos seus pares sambistas, ele foi e é um pai e um avô, digamos, atípico.

Tânia nasceu no dia 20 de outubro de 1978, um ano e quatro meses depois de Vânia, nascida em 25 de junho de 1977. As primeiras lembranças das duas são do apartamento em Bonsucesso. Guardam pequenas reminiscências dos amigos de infância, claro, os filhos de Neoci e Alcir Portela, e de correrem com os pés descalços na quadra do Cacique de Ramos. Dos tempos difíceis, de pouco dinheiro, têm a lembrança de um pai trabalhador. Isso mesmo, o Jorge que fugia das obrigações de artista nunca correu do trabalho, apenas direcionou tudo para a música. Até chegar a Indie em sua vida, mesmo já fazendo alguns pequenos shows, o grosso de sua renda era conquistado nas rodas de samba, nos pagodes. E para isso ele rodava a cidade toda.

"Hoje ele pode se permitir fazer um show por dia, duas, três vezes por semana. Antes não, a vida era bem mais difícil, ele ainda estava tentando conquistar seu espaço e, claro, dar o melhor para a gente", conta Vânia.

Ela diz que, sim, em determinado momento, mais novinha, sentia falta do pai nos finais de semana. Falta dos programas cotidianos como ir a um cinema, almoçar fora, essas coisas. Mas, mesmo longe, ele nunca foi ausente.

"Ele sempre esteve muito presente, do jeito que dava. As coisas mais importantes de minha vida eu sempre conversei com ele. Coisas que as meninas contam para as mães, eu falava era com ele mesmo. A minha mãe é mais conservadora. Talvez por ser muito preocupada com a nossa educação. Então a gente teve essas duas escolas. Meu pai era uma coisa mais divertida, mais leve, mais festiva. Já a minha mãe nos deu a coisa da educação, do que é correto, nos preparou para um caminho bacana."

Tânia diz que ter um pai artista deu a elas outra percepção de mundo: "Sempre que tínhamos algum problema, ele dizia que deveríamos tentar entender primeiro o outro lado. Nossa mãe sempre dava razão para a gente, nos defendia como as mães defendem seus filhos, mas ele chegava e falava: 'Teu pai é artista, artista entende de outra forma.' Sempre foi assim, sempre viu o lado da outra pessoa. Até demais. Muitas vezes se aproveitaram dessa generosidade. Nosso pai acha que todo ser humano é igual a ele. Sabemos que o mundo não é bem assim."

Louco por carros, quando tinha um dia livre, recolhia as meninas para ir ao Autódromo de Jacarepaguá. E mais, dava nome a eles: Risoleta, Baita, Do Nego... Nilton Barros conta que sempre que Jorge comprava um carro novo, aparecia na casa dele: "Não era para tirar onda, mas para me incentivar a trocar o meu próprio carro, que sempre foi bem velhinho. Nunca liguei para isso, mas carro, para ele, sempre foi um brinquedo. Lembro do dia em que ele comprou um Passat, o primeiro veículo que eu vi com os vidros elétricos. Ele ficava levantando e abaixando o vidro, rindo que nem um bobo."

O pai, que causava certa inveja nas amigas das filhas por pegá-las na escola de bermuda, tênis da moda, brinco na orelha e cabelo comprido, na primeira oportunidade que teve montou um escritório, na Barra da Tijuca, e chamou Vânia e Tânia para ajudarem a administrar sua carreira.

Hoje, não há distância entre pai e filhas. Pelo contrário, os netos e netas – são quatro: dois de Vânia, Miguel, de 7 anos e Laura de 4; e dois de Tânia, Fernanda, de 18, e Júlia, de 14 – fortaleceram ainda mais o núcleo familiar: "Ele é muito participante da vida dos netos, talvez por saber que perdeu muito da nossa infância. Nosso pai pôde, também, de um tempo para cá, dar uma desacelerada na rotina dele", diz Vânia.

Perguntadas sobre a música predileta do repertório de Jorge, para a minha surpresa, a resposta não foi "Coisinha do pai", nem "Claridade", feitas em homenagem a elas. Mas sim um samba que passou em branco para mim, em todo o processo de virar o personagem e a obra pelo avesso. "De Sampa a São Luís" é realmente muito bonito, ainda mais sabendo do significado para o trio:

"Sempre fomos muito amigos, quando algum de nós tinha um problema, ele dizia: 'Todo mundo pode brigar, menos nós três. Somos unidos até o fim.' E essa música, que não é recente, com a compreensão que temos hoje do mundo, é quase uma oração. Toda vez que ele canta, é como se nos fechássemos em um triângulo", diz Vânia.

Tânia diz que o samba é a síntese da sensibilidade que une Jorge às filhas: "Não é uma coisa triste. É, mais ou menos, como se pudéssemos agradecer diretamente a Deus por ter ele por perto. Como sempre teve essa coisa de viagem, dele estar longe,[essa música] bate muito forte na gente. É importante saber que quando o show acabar a gente estará com ele no camarim, abraçados, e que no dia seguinte vamos tomar um bom café da manhã."

> *O meu desejo vai nesse avião, minha alma fica*
> *Deito em suas mãos o coração e uma cantiga*
> *Cuida bem do amor, do meu perdão e das meninas*
> *Deixa o céu no chão e Deus por perto*
> *Quando se tem paz tá tudo certo*

Concordo com uma definição da dupla VT sobre esse pai incomum: "O sobrenome de Jorge Aragão é sensibilidade."

AGRADECIMENTOS

Ao grande Jorge Aragão, que confiou em mim, abriu a porta de casa e me deu um pé de moleque.

À Marcela, minha companheira, pela enorme paciência.

À minha mãe, Maria, e aos meus pais, César e Ivan, por eu estar por aqui.

Aos meus amigos da vida toda: Marceu, Marcinho, Nuno e Renata.

Aos meus compadres, Fabinho, Fig, Bernardo e Cadoca, e às minhas comadres Regina, Ana, Lu Vasques e Lu Conte, por meus afilhados maravilhosos: Elena, Zé, Thiago e Antônio.

Aos meus enteados Fernando, Camila e Nina e à minha netinha Duda.

A Afonso Carvalho, Michel Jamel e Marcelo Fróes pela confiança e pelo apoio.

À Aline Soares, minha pesquisadora e amiga.

À Claudia Gonzaga, pela parceria de sempre.

Aos meus companheiros do Museu da Imagem e do Som.

Aos parceiros, aos amigos e à família do Jorge por me ajudarem a construir essa história e por me mostrarem o cara legal que eu estava por conhecer.

ENTREVISTADOS

Ana Joventina
Armando Campos
Banana (Henrique Hatschvili)
Beth Carvalho
Diogo Nogueira
Elza Soares
Fátima Santos
Ivan Lins
Jorge Aragão
Jorge Vercillo
Jotabê
Lenine
Líber Gadelha

Marco Mazzola
Marcos Salles
Milton Manhães
Nelson Rufino
Nilton Barros
Péricles
Rildo Hora
Tânia Aragão
Ubirany
Vânia Aragão
Xande de Pilares
Zeca Pagodinho